TRY!
トライ

JLPT N1
일본어
능력시험

고급 문법으로 입 트이는 일본어

저자 ABK(公益財団法人 アジア学生文化協会)

S 시원스쿨닷컴

はじめに 머리말

この本は、日本語能力試験の N1 に対応した文法の問題集で、ABK（公益財団法人 アジア学生文化協会）の 30 年の日本語教育の経験を生かして、学内で使いながら作られたものです。日本語を勉強している皆さんが、文法をきちんと整理して、日本語が上手に使えるようになることを願って作りました。

文法は「聞く・話す・読む・書く」の基礎になるものです。この本では次のプロセスで勉強が進められるように工夫しました。

１．実際にその文法がどのように使われているかを知る。

２．基本的な練習で使い慣れる。

３．まとめの問題で話を聞いたり日本語の文章を読んだりする運用練習をする。

まとめの問題は日本語能力試験の出題形式に合わせてありますので、試験を受ける皆さんは、この本 1 冊で文法対策と読解、聴解の試験の練習ができるようになっています。

「TRY!」という名前には、気軽にやってみようという意味と、ラグビーのトライのようにがんばったことが得点につながるという意味を込めました。皆さんがこの本で勉強して、日本語能力試験 N1 に合格し、さらに日本語を使って楽しく自己表現ができるようになりますよう、お祈りしています。

본 도서는 일본어능력시험 JLPT N1 수준의 문법 교재로, ABK (공익재단법인 아시아학생문화협회)의 30년간의 일본어 교육 경험을 바탕으로 교내에서 직접 사용해가며 제작한 책입니다. 일본어를 공부하고 있는 여러분들이 문법을 확실히 이해하고 일본어를 능숙하게 구사할 수 있게 되길 바라며 만들었습니다.

문법은 '듣기, 말하기, 읽기, 쓰기' 이 네 가지 파트가 기본 요소입니다. 본 책에서는 다음과 같은 순서로 학습이 이루어질 수 있도록 하였습니다.

1. 실제 커뮤니케이션 상황 속 문법이 어떠한 방식으로 사용되고 있는지 이해한다.

2. 기본적인 연습 과정을 거치며 문법 사용에 점차 익숙해진다.

3. 총정리 문제를 통해 대화를 듣거나 일본어 문장을 읽는 실전 연습을 한다.

총정리 문제는 일본어능력시험의 출제 형식에 따른 것으로, 시험을 치르는 여러분들이 본 도서만으로 문법, 독해, 청해 모든 파트를 대비할 수 있도록 하였습니다.

본 도서 「TRY!」의 명칭은 '가볍게 해 보자!'라는 의미로, 럭비 경기의 트라이(Try)처럼 최선을 다하면 좋은 결과로 이어진다는 의미를 담고 있습니다. 여러분이 이 책을 통해 JLPT N1에 합격하고, 나아가 즐겁게 일본어로 즐겁게 의사표현할 수 있기를 바랍니다.

2022年2月　著者一同
2022년 2월 저자 일동

この本をお使いになる皆さんへ
이 책을 사용하시는 여러분께

この本は、本冊、別冊「答え・スクリプト」と MP3 があります。

본 도서는 본책, 별책, 정답&스크립트, MP3로 구성되어 있습니다.

1. 本冊　본책

全部で 10 章に分かれており、それぞれ次のような構成になっています。

본책은 총 10장으로 나뉘어 있으며, 각각 다음과 같이 구성되어 있습니다.

各章の構成　각 장의 구성

1) できること　학습 목표

その章を学習すると、何ができるようになるかが書いてあります。

각 장을 학습하고 나면 무엇을 할 수 있는지에 대해 알 수 있습니다.

2) 見本文　본문

その章で勉強する文法項目が、実際にどのように使われているかわかるような文章になっています。1 つの章が (1)(2) のように分かれている場合もありますが、ストーリーはつながっています。勉強する文法項目は、すぐわかるように太字で書いてあります。

각 장에서 학습하는 핵심 문법이 실제로 어떻게 활용되는지에 대해 알 수 있습니다. 한 과가 (1), (2)로 나누어져 있는 경우가 있으며, 두 과에서 다루는 본문의 내용은 서로 연결되어 있습니다. 학습하는 핵심 문법은 한눈에 알아볼 수 있도록 굵은 글씨로 표기했습니다.

3) 文法項目　핵심 문법

その章で勉強する項目を順番に並べてあります。探すときに便利なように、 1 章から 10 章まで通し番号になっています。それぞれの中には、使い方、接続、例文、補足説明、練習問題などがあります（くわしい内容は☞ p.6）。

각 장에서 학습하는 핵심 문법을 순서대로 정렬했습니다. 1장에서 10장까지 연결되는 번호를 매겨 원하는 파트를 쉽게 찾아볼 수 있습니다. 각 핵심 문법에는 사용법, 접속 형태, 예문, 보충 설명, 연습문제 등이 포함되어 있습니다. (상세 내용 참조 ☞P. 6)

4) Check

各章の (1)(2)(3) の最後に、それぞれ簡単な練習問題があります。ここで、学習した文法項目がわかるかどうかチェックします。間違えたら、その項目のところに戻ってもう一度確認しましょう。

각 장 (1), (2), (3)의 마지막 페이지에 간단한 연습문제가 있습니다. 학습한 핵심 문법을 잘 이해했는지 문제를 통해 체크해 봅시다. 오답일 경우, 그 문법의 파트로 돌아가 다시 한번 확인해 봅시다.

5） まとめの問題　총정리 문제

その章で勉強した文法を中心にした、文法、読解、聴解の問題です。日本語能力試験の出題形式に合わせた形になっていますから、文法項目の再確認をしながら、試験対策ができます。

각 장에서 학습한 문법을 중심으로 구성한 문법, 독해, 청해 문제입니다. 일본어능력시험의 출제 형식을 따랐으며, 학습한 문법 항목들을 재확인해가는 과정을 통해 실제 시험에 대비할 수 있습니다.

2.　別冊　별책

1）　やってみよう！　　Check 📖　정답
2）　まとめの問題　　정답 & 스크립트

3.　MP3

「見本文」と、「まとめの問題」の聴解問題の音声

본문, 총정리 문제 청해 파트 음성

※ 시원스쿨 홈페이지(japan.siwonschool.com)의 수강신청 탭 ➡ 교재/MP3에서 다운로드하실 수 있습니다.
　학습지원센터 탭 ➡ 공부 자료실에서도 다운로드하실 수 있습니다.

4.　語彙リスト　어휘 리스트

本冊で使われている言葉の「語彙リスト」があります。ダウンロードして使ってください。

본 책에서 쓰인 어휘를 모아둔 '어휘 리스트'가 있습니다. 다운로드하여 학습에 활용해 주세요.

※ 시원스쿨 홈페이지(japan.siwonschool.com)의 수강신청 탭 ➡ 교재/MP3에서 다운로드하실 수 있습니다.
　학습지원센터 탭 ➡ 공부 자료실에서도 다운로드하실 수 있습니다.

文法項目の中にあるもの 핵심 문법의 구성

※こうもく (ruby over 項目)

◉ 별 마크

★★★

각 핵심 문법의 오른쪽 부분에 총 3단계의 별 마크(★)가 표시되어 있습니다. 별이 많을수록 보다 중요한 문법 항목을 나타냅니다.

◉ 상황별 아이콘

각 커뮤니케이션 상황에 맞춰 사용할 수 있는 표현을 이미지로 나타내어, 아이콘으로 표시해 두었습니다.

 친구나 가족 등 친한 사람과 대화할 때 쓰는 표현입니다.

 다소 형식적인 표현으로 친구나 가족 등 친한 사람과 대화할 땐 쓰지 않는 표현입니다.

 어떤 대상을 높게 평가하거나 칭찬할 때, 혹은 일반적으로 높이 평가되는 것에 대해 인정할 때 쓰는 표현입니다.

 후회나 유감을 나타낼 때, 혹은 상대방을 비판할 때 쓰는 표현입니다.

1. どう使う?

1) 문법 설명

각 문법의 쓰임과 활용에 대해 알 수 있습니다. 무엇을 전달할 때 쓰는지, 어떠한 뉘앙스가 담긴 표현인지 알 수 있습니다.

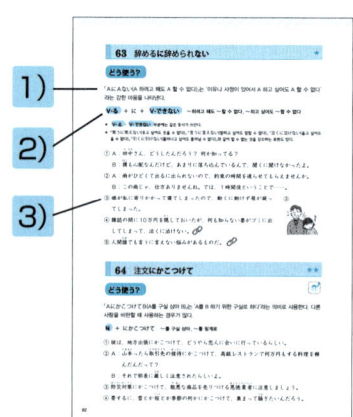

2) 접속 형태 설명

접속하는 품사의 형태를 기호로 나타냈습니다.

예 : **N** + で

＊는 접속 시 유의해야 할 사항을 표시해 두었습니다.

3) 예문

①, ②와 같이 번호가 매겨져 있습니다. 예문은 일상생활에서 자주 쓰이는 것으로 선정했습니다.
또한, 보다 쉽게 이해할 수 있도록 일부 예문에 일러스트를 추가했습니다. 🔗 아이콘은 관용적으로 사용되는 표현을 나타냅니다.

2. やってみよう！

핵심 문법을 확인할 수 있는 연습 문제입니다.

どう使う？ 와 예문에서 배운 것을 잘 활용할 수 있는지 실제 문제를 풀며 체크해 보세요.

やってみよう！　　　　　　　　　　　　　정답 별책 P.7

1) こんな問題ごとき、(a. 小学生でも解ける　b. 小学生では解けない)。
2) アリごときに、高い殺虫剤を使うのは (a. 当たり前だ　b. もったいない) と思う。
3) 風邪ごときで、大切な試合を休む (a. のはやむを得ない　b. わけにはいかない)。
4) ラーメンごときに1時間も並ぶなんて (a. 理解できない　b. 当然だ) と彼は言った。

3. 학습 Tip

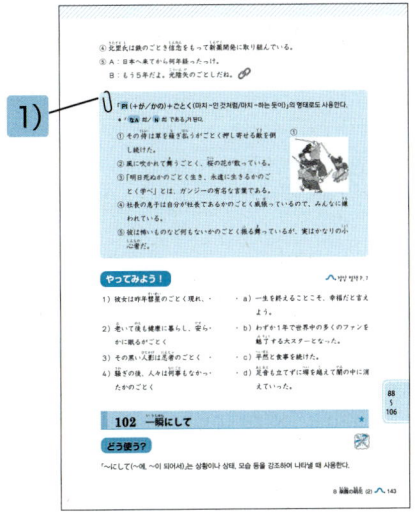

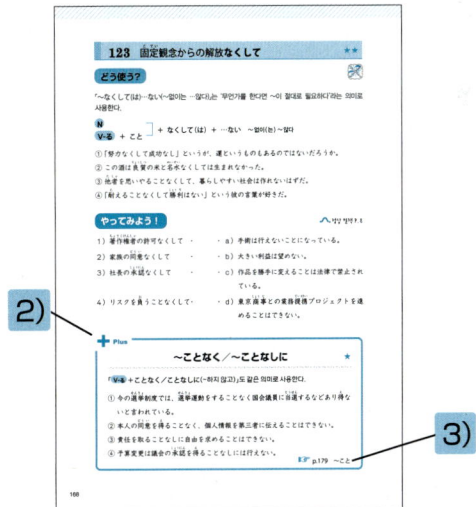

1) 추가 설명

다른 문형과의 차이점이나 추가 설명이 덧붙여져 있습니다.

2) 비슷한 문형

 **Plus**
비슷한 문형이나 함께 알아 둘 필요가 있는 문형이 표기되어 있습니다.

3) 관련 문형

☞ 연관된 핵심 문법의 페이지를 표시한 기호입니다.

品詞と活用形のマーク 품사와 활용형 기호

1) 품사

명사	**N**	えんぴつ、日本語、病気
い형용사	**いA**	大きい、小さい、おいしい
な형용사	**なA**	元気、便利、しずか
동사	**V**	行く、食べる、勉強する

2) 동사의 활용형

ます형	**V-ます**	行きます
사전형	**V-る**	行く
て형	**V-て**	行って
た형	**V-た**	行った
ない형	**V-ない**	行かない
동사의 보통형	**V-PI**	行く・行かない・行った・行かなかった
가능형	**V-できる**	行ける
수동형	**V-られる**	行かれる
사역형	**V-させる**	行かせる
의지형	**V-よう**	行こう
가정형	**V-ば**	行けば

3) 보통형·정중형

PI 보통형(반말체)

동사	行く 行かない 行った 行かなかった	い형용사	大きい 大きくない 大きかった 大きくなかった
な형용사	元気だ 元気じゃない／元気ではない 元気だった 元気じゃなかった 　／元気ではなかった	명사	病気だ 病気じゃない／病気ではない 病気だった 病気じゃなかった 　／病気ではなかった

Po 정중형

동사	行きます 行きません 行きました 行きませんでした	い형용사	大きいです 大きくないです／大きくありません 大きかったです 大きくなかったです ／大きくありませんでした
な형용사	元気です 元気じゃないです * ／元気じゃありません * 元気でした 元気じゃなかったです * ／元気じゃありませんでした *	명사	病気です 病気じゃないです * ／病気じゃありません * 病気でした 病気じゃなかったです * ／病気じゃありませんでした *

〜 接続の示し方 접속 형태 표시

각 문법의 접속 형태는 다음과 같이 표기되어 있습니다.

예)

V-て ＋ ください	食べてください
V-ます ＋ たい	会いたい
V-ない ＋ ないでください	行かないでください
いA く	大きく
なA な	しずかな
なA なに	しずかに
PI ＋ んです [なA だな　N だな]	行くんです　　　　　行かないんです 行ったんです　　　　行かなかったんです 大きいんです　　　　大きくないんです 大きかったんです　　大きくなかったんです 元気なんです　　　　元気じゃないんです * 元気だったんです　　元気じゃなかったんです * 病気なんです　　　　病気じゃないんです * 病気だったんです　　病気じゃなかったんです *
PI ＋ ら [과거형만]	行ったら　　　　　　行かなかったら 大きかったら　　　　大きくなかったら 元気だったら　　　　元気じゃなかったら * 病気だったら　　　　病気じゃなかったら *

* 논문 등의 딱딱한 문장을 쓰거나 정중하게 말할 때는 な형용사 · 명사의 「じゃ」 대신 「では」를 사용한다.

この本をお使いになる先生方へ
이 책을 활용하시는 선생님께

この本をお使いくださり、ありがとうございます。本書の目指すところは、日常生活の様々な場面で、具体的に日本語がどのように使われているかを目で見て、感じて、それを踏まえて文法を学ぶことです。それによって、会話やスピーチ、読解の中で使われている文法項目に自然になじみ、日本語能力試験への対応も、スムーズに進むと思います。さらに発話や作文などの自己表現にも応用できるようになると信じています。

近年、インターネットの普及に伴って、海外の学習者も生の日本語に直に触れる機会が増え、自然な日本語の習得に一役買っていることは確かです。運用を重視するという日本語教育の流れの中で、文法の位置づけも変わってきているように思います。

しかし、基礎の枠組みとしての文法をきちんと把握することは、日本語の運用にとって非常に重要です。また、相手との位置関係、使用場面にふさわしい日本語を意識することもとても大切だと考えます。

以上の点から、本書の見本文では下の表のような多様なタイプの設定をしました。その中でも語彙については生活上汎用性のあるもの、使用頻度の高いものを使うようにしています。

章	タイトル	見本文のタイプ
1	ニュースを読む オクトーバーフェスト	ニュース
2	スピーチを聞く 産業医を増やそう	スピーチ
3	昔話を読む 飯食わぬ女房	昔話
4	実用書を読む 上司との付き合い方	実用書
5	ドラマのシナリオを読む 転職	ドラマのシナリオ
6	スピーチをする 研修を終えて	スピーチ
7	社内で話す さすが本田君	社内での会話
8	小説を読む 楽園の萌花	小説
9	講演を聞く トリアージ	講演
10	論説文を読む 前衛書道	論説文

本校での実践の中でも見本文の効果は大きく、ことさら説明をしなくても、イメージで感じ取ってもらえると言われています。本書を使ってご指導される先生方にも、ぜひ学習者の方とともに見本文のストーリーを感じていただきたく存じます。

本書につきまして、何かご意見などございましたら、どうぞお寄せくださいますよう、お願い申し上げます。

もくじ 목차

1 オクトーバーフェスト
ニュースを読む 뉴스를 읽다
옥토버페스트

まとめの問題

2 産業医を増やそう
スピーチを聞く 연설을 듣다
산업의를 늘리자

まとめの問題

3 飯食わぬ女房 (1)
昔話を読む 옛날 이야기를 읽다
밥을 먹지 않는 아내 (1)

社内で話す　사내에서 이야기하다

7 さすが本田君（2）　　　역시 혼다 군（2）

小説を読む　소설을 읽다

8 楽園の萌花（1）　　　낙원의 모에카（1）

小説を読む　소설을 읽다

8 楽園の萌花（2）　　　낙원의 모에카（2）

1 オクトーバーフェスト

옥토버페스트

できること

● 이벤트 등에 관한 기사를 읽고, 그 특색이나 상황을 이해할 수 있다.

본문 해석 보기

02

ABK新聞　　　　　　　2010年9月20日

ビールの祭典　200周年

オクトーバーフェスト開幕　ミュンヘン

18日、ドイツのミュンヘンで「オクトーバーフェスト」が開幕した。

この世界最大のビール祭りは、ミュンヘン市長による「樽開け」を皮切りに、16日間にわたって、42ヘクタール（東京ドーム約九個分）の敷地で繰り広げられ

る。さすが世界一のビールの本場とあって、毎年、各国から六〇〇万人以上の観光客が訪れている。

今年は、二〇〇周年という歴史的節目にあたることから、二〇〇年前のお祭りムードを再現するヒストリーテントも特別に設置された。ノスタルジックな雰囲気の漂うテントの中では、連日バイエルン地方ならではのダンスやパレード、競馬がそれぞれ一日二回ずつ開催される予定になっており、例年にもまして、多くの集客が見込まれている。

「オクトーバーフェスト」といえば、もちろんビールが

メインだが、ノンアルコール飲料のバーや、メリーゴーラウンドやジェットコースターのある移動遊園地なども開かれ、家族連れの姿も多く見られる。今やビール好きの大人はもとより小さな子どもに至るまで、あらゆる人々が楽しめる国際的なイベントとなっている。

日本から来たという観光客の一人は、「さすが、本場は雰囲気からして全く違う」と興奮気味に語っていた。

1　「樽開け」を皮切りに

どう使う？

「～を皮切りに(～을 시작으로)」는 '～에서 시작하여 그 후 차례차례로'라는 의미를 나타낸다. 뒤 문장에는 주로 무언가가 왕성해지거나 발전한다는 내용이 온다.

V-る ／ **V-た** ＋ の ┐
N ┘ ＋ ┌ を皮切りに（して）　～을 시작으로 (해서)
　　 └ を皮切りとして　～을 기점으로 해서

① 中村監督の新作映画は、来月初旬にパリで行われる海外ロケを皮切りに、本格的な撮影に入る。

② 今回のコンサートツアーは、名古屋で開催されるのを皮切りにして、全国20都市を回る予定です。

③ 彼は、この小説がベストセラーになったのを皮切りとして、次々と人気シリーズを生み出していった。

やってみよう！

정답 별책 P.1

1）四葉商事は、シンガポールに支店を出したの（a. を皮切りに　b. につれて）、世界各地に支店を増やしていった。

2）子どもの成長（a. を皮切りに　b. につれて）、教育費の負担が家計に重くのしかかる。

3）車椅子を使用する学生の入学（a. を皮切りに　b. をきっかけに）、校内移動をサポートする学生ボランティアが組織された。

4）青森ねぶた祭り（a. を皮切りに　b. をきっかけに）東北四大祭りが今年も行われる。

4）

2 ビールの本場とあって ★★★

どう使う?

「〜とあって(〜이라서)」는 '특별한 〜이기 때문에 평소와는 다른 상황이 되다'라는 의미로 사용된다. 사회적 현상이나 객관적 사실을 말할 때 사용한다.

PI + とあって　〜이라서, 〜해서, 〜이기 때문에

[**なA** (だ)　**N** (だ)]

① 今日は夏休み最初の日曜とあって、全国の海水浴場は多くの人でにぎわった。

② この物件は、静かで交通も便利とあって、入居希望者が殺到している。

③ パンダの前足の形は大変珍しいとあって、遺伝学の研究対象として注目されている。

④ あのダ・ヴィンチのモナリザが見られるとあって、開館前から長い列ができたという。

③

④

やってみよう!

 정답 별책 p.1

1) 有名なレストランのシェフが作った料理とあって、材料、味、見た目、全てが

　　(a. まあまあだった　b. ひどいものだった　c. 素晴らしいものだった)。

2) 突然、首相が辞意を表明したとあって、(a. マスコミは一斉に取材を開始した

　　b. 本当かどうかニュースで確かめよう　c. 首相は理由をはっきり言うべきだ)。

3 バイエルン地方ならではのダンス ★★

どう使う?

「AならではのB(A 고유의 B)」는 '〜은 다른 것에는 없는 A만이 갖는 특별한 B'라는 의미를 나타낸다.

N + ならではの + **N**　〜고유의, 〜만의, 〜이 아니면 할 수 없는

＊「〜は **N** ならではだ(〜은 **N** 이외에는 불가능하다)」의 형태도 사용된다.

① 凍った湖の上でのスケートは、北国ならではの楽しい遊びだ。
② 大企業にはない、中小企業ならではの良さについて考える。
③ 初詣は神社、結婚式は教会、葬式は寺でする人が珍しくないのは、宗教に寛容な日本ならではだと思う。

やってみよう！

정답 별책 P.1

1) これは専門店ならではの味と香りだ。

　　a．これは専門店でしか出せない独特の味と香りだ。

　　b．これは専門店ならどこでも似ている味と香りだ。

2) 聖火リレーはオリンピックならではのものだ。

　　a．聖火リレーはオリンピックのときが特に素晴らしいものだ。

　　b．聖火リレーはオリンピックでしか見られない特別なものだ。

4　例年にもまして ★★

どう使う？

「〜にもまして(〜보다 더)」는 '〜이상으로, 〜도 그렇지만 더욱더'라는 의미로 사용된다.

N ＋ にもまして　〜보다 더, 〜이상으로

＊「いつ(언제)・だれ(누구)・何(무엇)＋にもまして(보다 더)」등의 형태도 사용된다.

① 選挙を1週間後に控え、記者たちは普段にもまして忙しい。
② 論文が国際的に評価されてから、彼は以前にもまして研究に打ち込んでいる。
③ この山は桜の季節もいいが、それにもまして紅葉の頃が美しい。
④ 両親が私の言葉を信じてくれたことが、何にもましてありがたかった。

やってみよう！

정답 별책 P.1

1) サミット会場に向かう道路には、(a．今日　b．いつ)にもまして警官の姿が目立った。

2) 環境に配慮した製品の開発は、(a．従来　b．将来)にもまして重要になっている。

3) キャプテンである君がチームの(a．何　b．誰)にもまして勝ちにこだわる姿勢を見せなければならない。

4）新しい駅ビルが完成して、駅周辺は（a．それ　b．前）にもましてにぎやかになった。

5　小さな子どもに至るまで　★★★

どう使う？

「〜に至るまで(〜에 이르기까지)」는 '어떤 일의 범위가 〜까지 도달했다'라는 의미로 사용된다. 「髪の毛１本に至るまで(머리카락 하나에 이르기까지)・宇宙開発に至るまで(우주개발에 이르기까지)」와 같이 '매우 작거나 큰 것까지 그 범위가 넓다'라는 뉘앙스가 있다.

Ｎ ＋ **に至るまで**　〜에 이르기까지

① 家を買うなら、床下から屋根に至るまで専門家に細かくチェックしてもらったほうがいいですよ。

② この博物館では、明治時代から現在に至るまでのファッションを展示している。

③ 彼は村上春樹の大ファンで、小説からコラムに至るまですべて目を通しているらしい。

④ 竹は、工芸品から衣類・食品に至るまでさまざまな製品に使われている。

④
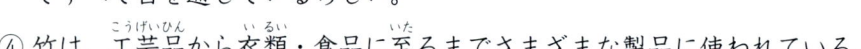

「**V-る** ／ **Ｎ**＋**に至る**(〜에 이르다)」는 '〜라는 단계나 상태에 도달하다'라는 의미로 사용된다.

① 彼は長年にわたって、サルからヒトに至るまでの進化の過程を研究している。

② このドキュメンタリーでは、１人の女性が日本初の介護靴を作るに至った経緯を追った。

③ 社長は責任逃れの言い訳を繰り返していたが、事ここに至っては辞任するしかないだろう。🔗

やってみよう！

정답 별책 p.1

1）当社は、電源プラグから宇宙開発用ロボットに至るまで、

　（a．さまざまな　b．2つの）製品で、皆様に豊かな暮らしをご提案しております。

2）当スイミングスクールでは、幼児から学生、成人、選手育成に至るまで

　（a．1人1人に合った指導を行っています　b．20年程度かかります）。

3）乳酸菌を利用したものは、キムチから整腸薬に至るまで

　（a．非常に限られている　b．広範囲に及んでいる）。

☞ p.182 〜に至る／の至り

6　雰囲気からして　★★

どう使う？

「AからしてB（A부터 B）」는 「女優は歩き方からして美しい（여배우는 걸음걸이부터 아름답다）」와 같이, 'A부터가 전부 B 하다'라는 의미를 나타낸다. A에는 가장 먼저 떠오른 사항이 온다. 또한 B의 정도가 극단적임을 A를 예로 들어 서술할 때 사용하기도 한다.

N ＋ からして　（우선）〜부터, 〜부터가

① 有名デパートの店員は、言葉遣いからして丁寧だ。

② さすが元バレリーナ。立っている姿からして美しい。

③ グルメの友人は、朝食のパンからして有名店のものを選ぶ。

④ このパソコンは古すぎる。起動にかかる時間からして最新機種の3倍以上だ。

やってみよう！

정답 별책 p.1

1）このホテルはロビー（a．からして　b．からすると）薄暗くてかび臭い。

2）懐石料理は、食器（a．からして　b．から見て）季節感を大切にしている。

3）彼は親戚から借金（a．からして　b．までして）会社設立の資金を集めた。

2）

☞ p.178 〜から

Check 📖

1）1979年のウォークマンの発売 ＿＿＿＿＿＿＿、
音楽プレーヤーの小型化・多様化の競争が始まった。

2）盆栽はかつて日本 ＿＿＿＿＿＿＿ のものだっ
たが今は世界中でBONSAIとして知られている。

3）ファーストクラスって、席の広さ ＿＿＿＿＿＿
全然違うよね。

4）成人式 ＿＿＿＿＿＿＿ 華やかな振袖姿の女性が多く目につく。

5）彼はコートからＴシャツ ＿＿＿＿＿＿＿ 全てクリーニング屋任せだ。

6）シリーズ最新作は前作 ＿＿＿＿＿＿＿ 激しいアクションシーン満載で
お届けします。

とあって	に至るまで	を皮切りに	ならでは
にもまして	からして		

22

まとめの問題

정답 별책 P.8

問題 1　<문법 형식 판단>

次の文の（　　　）に入れるのに最もよいものを、1・2・3・4から一つ選びなさい。

1　地元チームの優勝パレード（　　　）、駅前の通りは見物客でごった返している。

1　とあって　　　　　　　　　　2　にもかかわらず

3　に至るまで　　　　　　　　　4　のあげく

2　今年は雨が少なく、例年（　　　）暑さが厳しい。

1　を皮切りに　　2　に至るまで　　3　ならでは　　4　にもまして

3　そのドラマは3年間（　　　）放送された。

1　からして　　2　を皮切りに　　3　に至って　　4　にわたって

4　最近の100円ショップは、お菓子やジュースはもちろん、家具や工具（　　　）生活に必要なものは、ほとんどそろっている。

1　に至るまで　　2　とあって　　3　にもまして　　4　ならではの

5　石田さんのお宅、玄関の造り（　　　）普通の家とは全然違うね。

1　に至って　　2　ならでは　　3　とあって　　4　からして

6　合格したのに、手続きを忘れていた。事ここ（　　　）、もうどうすることもできない。

1　に至っても　　2　に至るまで　　3　に至る　　4　に至っては

7　満開の桜の下、花見客のにぎわいは、日本の春（　　　）の光景と言えよう。

1　だらけ　　　　2　だけあって　　3　ならでは　　4　向け

問題2 <문장 완성>

次の文の___★___に入る最もよいものを、1・2・3・4から一つ選びなさい。

1 石油は燃料としてはもちろん ＿＿＿ ＿＿＿ __★__ ＿＿＿ さまざまな
形で使われている。

    1 衣類や化粧品 **2** 我々の   **3** 生活に   **4** に至るまで

2 話題の ＿＿＿ ＿＿＿ __★__ ＿＿＿ での公演が予定されている。

    1 日本全国   **2** ミュージカルは

    3 東京   **4** を皮切りとして

3 オリンピックの代表 ＿＿＿ ＿＿＿ __★__ ＿＿＿ 練習に励んでいる。

    1 に決まった   **2** にもまして   **3** 以前   **4** 田中選手は

問題3 <글의 문법>

次の文章を読んで、 1 から 4 の中に入る最もよいものを、1・2・3・4から一つ
選びなさい。

> 今回のゲームショーは業界最大級のイベント 1 、海外からも多くのゲーム
> 愛好者が参加する。9月20日からのこのショー 2 、各ゲーム会社は12月
> まで続く年末商戦に突入する。
> 　初日のビジネスデーには、関係者がつめかける。翌日からの一般公開日も会場
> 内はにぎやかだ。奇抜な衣装のコスプレイヤーから、孫の手を引くお年寄り 3 、
> さまざまな人が訪れる。
> 　ゲーム大国日本 4 のこのイベントは、会場の設備やサービスにも趣向が
> 凝らされていて、飽きることがない。

1   **1** とあって   **2** とともに   **3** につれて   **4** にしたがい

2   **1** に限り   **2** を皮切りに   **3** にしたがって   **4** だけに

3	**1** に至るまで	**2** のために	**3** にもまして	**4** さえ

4	**1** とあって	**2** ばかりか	**3** に至った	**4** ならでは

問題4 <청해>

まず話を聞いてください。それから、二つの質問を聞いて、それぞれ問題用紙の１から４の中から、最もよいものを一つ選んでください。

🔊 03

1	**1** テレビで見られるから
	2 250年以上続いているから
	3 浴衣を着ている人が多いから
	4 船に乗れるから

2	**1** 自宅	**2** テレビ局
	3 花火大会の会場	**4** 船の中

産業医を増やそう
산업의를 늘리자

본문 해석 보기

できること

● 공적인 연설을 듣고, 현재 상황에 대한 설명과 의견을 이해할 수 있다.

◀)) 04

　さいわい市、市議会の皆様、市長の松本義男です。今から「産業医※増員３か年計画」についてお話しさせていただきます。

　これは小規模事業所に対して産業医を置くために、市が補助をする制度です。さいわい市には50人未満の事業所が多いのですが、この規模では産業医を選任しているのは全国平均で８％程度、さいわい市**に至っては**わずか５％です。つまり、市内の小規模事業所の95％に産業医がいない状況であります。

　中小企業**といえども**、労働者の健康に責任を持つべきなのは言うまでもないことです。発見が遅れ、病状が悪化して休職**を余儀なくされる**方も増えているのです。もはや一刻**たりとも**猶予はできません。

　働き盛りの人たちは仕事を重視しすぎて、健康管理がおろそかになる**きらいがあります**。私たちは行政の立場から、働く人の健康に対してもっと関心を持ち、さらにサポート体制を充実させていく必要があります。

　このようなことから、今回のご提案をさせていただく**次第です**。

　さいわい市は、市民の皆様のご協力や各方面の専門家の方々のご指導**をもって**、「住みたい町ベストテン」入りなど、多くの実績をあげて参りました。さらなる生活の充実のために、３年以内に市内すべての事業所に産業医を配置することを、目標としております。市民の皆様の笑顔**あっての**さいわい市です。３年後、私たちのさいわい市に、より多くの笑顔が見られることを願っ**てやみません**。

　では、まず予算についてお話しいたします。
…………

※産業医：労働者の健康管理をするため、会社に派遣される医師。

7 さいわい市に至っては ★★

どう使う?

「〜に至っては(〜에 이르러서는)」는 먼저 예로 든 것과 비교하여 '〜의 경우에는 그 정도가 더욱 심하다'라는 의미로 사용하는 표현이다.

N + に至っては 〜에 이르러서는

① 今年の国民生活時間調査によると、新聞を読んでいる40代の男性は41%、30代は23%、20代に至っては13%だった。

② 調査によると、昨年度の新卒者の就職率は、大学卒業者が約55%、高校卒業者に至っては17%以下と過去最低の状況となったとのことだ。

③ 彼は侍の家に生まれたが、剣もちょっと習った程度で、弓や槍に至っては触ったことさえないという男だった。

やってみよう!

정답 별책 p.1

1) この国では都市部の年収を 100とすると農村部では60、

2) 石田屋のお菓子はどれも人気があるが、

3) このあたりは年間を通じて湿度が低く、

4) うちの家族はみな物が捨てられない性格で、

・ a) 限定100個のどら焼きに至っては連日開店前に行列ができるほどだ。

・ b) 母に至っては何十年も前の包装紙や空き缶まで大事にしまってある。

・ c) 山間部に至ってはわずか35だそうだ。

・ d) 12月に至っては20%以下の日が1週間以上続くことも少なくない。

☞ p.182 〜に至る／の至り

8 中小企業といえども ★★★

どう使う?

「〜といえども(〜라 할지라도)」는 「〜でも(〜라도)」라는 의미로, 「社長といえども1人で何でも決められるわけではない(사장이라 할지라도 혼자서 무엇이든지 결정할 수 있는 것은 아니다)」와 같이, '사실이나 조건으로부터 당연히 예상되는 결과와 다르다'라고 말하고자 할 때 사용된다.

N ＋ **といえども**　(비록) ～라 할지라도, ～라 하더라도

＊「～といえど(～라 할지라도)」도 같은 의미로 사용된다.

＊「世界広し(세계는 넓다)・老いたり(늙다)・小なり(작다)」 등 옛스러운 표현과 함께 사용되는 경우도 있다.

① 零細企業といえども、我が社は大企業に負けない技術を持っていると自負している。

② 雑草といえども、それぞれに名前がある。

③ 裁判官といえども感情を抑えきれないこともあるはずだ。

④ 世界広しといえど、『源氏物語』のような壮大な恋愛小説は他にないだろう。

④

やってみよう！

정답 별책 P.1

1）名人といえども、（a. 作品のすべてが傑作というわけではない　b. 誰からも認められ、尊敬されている）。

2）かわいい子熊といえども、（a. 抱き上げたくなる　b. 不用意に近づくと危険だ）。

3）アルバイトといえども、仕事に責任を（a. 持たなければならない　b. 持つ義務はない）。

4）野球チームの練習中は、我が子といえども（a. 特別扱いはしない　b. 特別に指導する）つもりだ。

☞ p.180　～といえ／とはいえ

9　休職を余儀なくされる ★★★

どう使う？

「～を余儀なくされる(어쩔 수 없이 ～하게 되다)」는 '싫어도 ～하지 않으면 안 되는 상황이다'라고 말하고 싶을 때 쓰는 표현이다. 뉴스 등에서 자주 사용된다.

N ＋ **を余儀なくされる**　어쩔 수 없이 ～하게 되다

① 景気悪化に伴い、工場は閉鎖を余儀なくされた。

② 山中村の住民は先月の洪水により未だに避難所での生活を余儀なくされている。

③ このまま利用者が減れば、この鉄道は廃線を余儀なくされるだろう。

やってみよう！

정답 별책 p.1

1）前日からの雨のため、登山隊は計画の（a．変更　b．続行）を余儀なくされている。

2）私の店は、周辺の再開発のため、1年も（a．休業　b．開発）を余儀なくされた。

3）相次ぐ事故の報告により、製品の販売（a．開始　b．中止）を余儀なくされた。

4）大臣は不適切な発言がもとで（a．辞任　b．責任）を余儀なくされた。

「〜を余儀なくさせる(어쩔 수 없이 ~하게 하다)」는 '싫어도 ~하지 않으면 안 되는 상황에 몰아넣다'라는 의미로 사용된다. ★★★

① 地球温暖化による海面上昇がこの地域の人々に移住を余儀なくさせたのである。

② 急速な情報技術の発達は企業に組織の再編成を余儀なくさせた。

③ コスト削減という企業のニーズが工場の海外移転を余儀なくさせたと言えるだろう。

7
〜
15

10　一刻たりとも ★★

どう使う？

「〜たりとも…(〜라도…)」는 「1人たりとも逃がすな(한 사람이라도 놓치지 마)」와 같이 '작은 것이라도 절대 …않는다'라는 의미로 사용된다.

　1　+　 조수사 　+　たりとも　+　…ない　　〜라도 …않는다

＊「1秒(1초)・1円(1엔)・一瞬(한순간)」등 최소 단위를 나타내는 단어와 함께 사용된다.

① 国を離れて10年経つが、1日たりとも故郷を忘れたことはない。

② 私たちの税金は1円たりとも無駄に使ってほしくない。

③ 決勝戦は、一瞬たりとも目が離せない歴史に残る試合となった。

④ 「私はお前たちに1度たりとも嘘をついたことはない」と父は言った。

やってみよう！

1）牧場の犬は、羊の群れを柵の中に追い込み、1頭たりとも逃がさなかった。

    a．1頭だけ柵の中に入れた。

    b．全部柵の中に入れた。

2）彼が私に「愛している」と言わない日は1日たりともなかった。

    a．1日中愛していると言う。

    b．毎日愛していると言う。

3）「ご飯は一粒たりとも残すな」と父に言われて育った。

    a．全部食べないといけないからご飯は残さない。

    b．全部食べるといけないからご飯は残しておく。

11　おろそかになるきらいがあります　★★

どう使う？

「〜きらいがある(〜하는 경향이 있다)」는 ‘〜라는 좋지 않은 경향이나 성질이 있다’라고 말하고 싶을 때 사용한다.

V-る ／ **V-ない** ＋ きらいがある　〜하는 경향이 있다

＊「〜すぎのきらいがある(지나치게 〜하는 경향이 있다)」의 형태도 사용된다.

① 私たちは国籍だけでその人の性格を判断してしまうきらいがある。

② 先輩は親切でいい人だが、お節介を焼きたがるきらいがある。

③ 叔母は、周りの人の気持ちを考えないきらいがあり、思ったことを何でも口にする。

④ 大型電気店の値下げ競争は、消費者にとってはありがたいが、最近は少々行きすぎの

    きらいがある。

やってみよう！

1）社長は（a．努力さえすれば　b．結果さえよければ）満足し、過程を軽んじるきら

    いがある。

2）事故の際、内部調査だけでは（a．詳しい　b．甘くなる）きらいがあるので、外部

    の人による調査が必要だ。

3）林さんは優秀な外科医だが、患者の気持ちを（a．軽視する　b．大切にする）き
　らいがある。

4）この国の人々は、テレビで紹介された物はいい物だと思ってしまうきらいがあり、
　（a．広告費　b．開発費）を多く使える企業が売り上げを伸ばしている。

12　ご提案をさせていただく次第です ★

どう使う？

「～次第です(～하는 바입니다)」는 「～んです(～하는 것입니다)」와 마찬가지로, 사정이나 이유를 설명할 때 사용된다. 회의나 비즈니스 상황에서 쓰이는 경우가 많다.

V-PI ＋ 次第だ　～하는 바입니다, ～할 따름입니다

① 今回の仕事は当社の技術力では難しいと思い、お断りした次第です。

② 出張と重なってしまったために、会議を中止させていただいた次第です。

③ 国際交流イベントの成功のために、広く皆様にご協力をお願い申し上げる次第です。

④ 調査結果がまだまとまっていないために、会議でご報告できなかった次第です。

👉 p.179 ～次第

13　ご指導をもって ★★★

どう使う？

「～をもって(～로, ～로써)」는 '～를 수단・방법으로 해서'라는 의미로 사용한다. 「電話で話す(전화로 이야기하다)」와 같이 일상적인 표현에는 쓰지 않는다.

N ＋ をもって　～로, ～로써

① 当選者の発表は賞品の発送をもってかえさせていただきます。

② 重要議案は出席者の３分の２以上の賛成をもって承認されます。

③ 「毒をもって毒を制す」というのは、悪を倒すために別の悪を利用することだ。

④ 相続問題は当事者の協議をもって解決することが望ましい。

やってみよう！

1）会の代表は多数決（a．をもって　b．にこたえて）選出されます。

2）負傷した選手（a．をもって　b．にかわって）、控えの選手が出場した。

3）今回の台風（a．をもって　b．によって）各地に大きな被害が出た。

4）退会を希望する場合は書面（a．をもって　b．をめぐって）その旨を届け出なければならない。

☞ p.187 ～をもって

14　笑顔あってのさいわい市　★★

どう使う？

「AあってのB(Aが 있기에 가능한 B)는 「お客様あっての店(손님이 있기에 가능한 가게)」와 같이 'A가 있기 때문에 B가 성립한다. 즉 A가 없으면 B는 성립하지 않는다'라는 의미로 사용된다.

N ＋ あっての ＋ **N**　～가 있기에 가능한, ～가 있어야 할 수 있는

＊「~あってのことだ(~가 있기에 가능한 것이다)」의 형태도 사용된다.

① 「皆さん、泊まってくださるお客様あっての旅館だということを忘れずに、今日も 1 日笑顔で頑張りましょう。」

② 一流シェフは、「良い材料あってのおいしい料理」とよく口にする。

③ 「社員の幸福あっての我が社です。」と経営の神様と呼ばれた社長は言った。

④ 決勝に進出できたのはチームの団結あってのことだ。一丸となって優勝を勝ち取ろう。

⑤ 1 人で強盗を追いかけるなんて無茶ですよ。命あっての物種※なんですから。

※ 命あっての物種：'목숨이 없으면 아무것도 할 수 없다. 그렇기 때문에 위험한 일을 해서는 안 된다'는 의미이다.

やってみよう！

1）何より学生あっての学校だから、（a．学生　b．教師）の要望をよく聞くべきだ。

2）美しい自然あっての観光地なのに、（a．山を守ってホテルを建てない　b．山を崩してホテルを建てる）なんて……。

3）相手あってのビジネスだから、こちらの都合だけ（a．言わなければ　b．言っていても）うまくいかない。

4）読者あっての新聞ではあるが、（a．人気があれば　b．事件が起きれば）内容は何
　　でもいいというわけではない。

15　願ってやみません ★★

どう使う？

「〜てやまない（〜해 마지않다）」는 어떠한 감정이 강하게 지속되고 있음을 나타낸다.

V-て ＋ **やまない**　〜해 마지않다

＊「願う（원하다）・祈る（빌다）・期待する（기대하다）・望む（바라다）・愛する（사랑하다）」등의 단어와 함께 쓰이는 경우가 많다.

① 今年1年が平和な年になることを願ってやみません。
② この研究が難病治療の一助となることを期待してやまない。
③ 私は尊敬してやまない黒沢監督のような映画を作りたい。
④ 便利な生活を求めてやまない人間の欲望が、さまざまな矛盾を生み出している。

やってみよう！

정답 별책 P.1

1）彼は誰もが敬愛し（a．てやまない　b．てならない）優れた指導者だった。

2）今年の夏は連日40度近くて、暑く（a．てやまない　b．てたまらない）。

3）あと少しで優勝できたのに、最後に抜かれて、悔しく（a．てやまない　b．てなら
　　ない）。

4）医学者シュバイツァーは生涯、音楽を愛し（a．てやまなかった　b．てたまらな
　　かった）。

Check 📖

정답 별책 P.2

1）彼女の絵は、人々をひきつけ ＿＿＿＿＿＿＿ 不思議な魅力（みりょく）がある。

2）初めて家庭菜園（さいえん）に挑戦（ちょうせん）して、苦労して育てた大根（だいこん）だから、1本 ＿＿＿＿＿＿＿ 無駄（むだ）にしたくない。

3）山田（やまだ）さんの料理はまずいわけではないが、味が濃すぎる ＿＿＿＿＿＿＿。

4）チャンピオン ＿＿＿＿＿＿＿、油断すれば負けてしまうほど、勝負は厳（きび）しいものだ。

5）原油（げんゆ）が値上がりしたために、値上げせざるを得（え）なくなった ＿＿＿＿＿＿＿。

てやまない　きらいがある　次第（しだい）です　たりとも　といえども

6）結婚だマイホームだといっても、安定した収入 ＿＿＿＿＿＿＿ ことだ。

7）試合中の目のけががもとで引退 ＿＿＿＿＿＿＿ ボクサーは、本当に気の毒（どく）だ。

8）この授業では定期（ていき）試験を行わず、レポート ＿＿＿＿＿＿＿ 評価する。

9）このドラマは初回の視聴率（しちょうりつ）が31.5％で、瞬間（しゅんかん）最高視聴率（しちょうりつ） ＿＿＿＿＿＿＿ 40％近い数字を出したそうだ。

に至（いた）っては　を余儀（よぎ）なくされた　をもって　あっての

정답 별책 P.9

問題 1 **<문법 형식 판단>**

次の文の（　　　）に入れるのに最もよいものを、1・2・3・4から一つ選びなさい。

1 新人賞おめでとうございます。皆様の今後のますますのご活躍を（　　　）。

1 祈ってやみません 　　　　　**2** 祈ってたまりません

3 祈るおそれがあります 　　　**4** 祈るにすぎません

2 田中さんは、話し出すと長くなる（　　　）。

1 ものがある 　　　　　　　**2** ほかしかたがない

3 向きだ 　　　　　　　　　**4** きらいがある

3 歴史上、恐怖（　　　）国民を支配しようとする権力者は少なくない。

1 を問わず 　　　**2** をこめて 　　　**3** をもって 　　　**4** をはじめ

4 親しい仲（　　　）、借金の保証人には絶対なるなと親から言われている。

1 というと 　　　**2** といえども 　　**3** にとって 　　　**4** につけても

5 新製品の発売前によく似た商品名があることがわかり、変更（　　　）された。

1 を皮切りに 　　**2** を余儀なく 　　**3** を契機に 　　　**4** をもって

6 運転するなら、アルコールは一滴（　　　）飲んではいけない。

1 ばかりか 　　　**2** どころか 　　　**3** たりとも 　　　**4** ぬきに

7 「豊かな海（　　　）漁師だ」と言って、彼らは仕事の合間に環境保護の活動をしている。

1 あっての 　　　**2** に限って 　　　**3** とあって 　　　**4** に至るまで

次の文の＿★＿に入る最もよいものを、1・2・3・4から一つ選びなさい。

1　サッカーの監督は、「今日の試合は、相手チームに
＿＿＿＿　＿＿＿＿　＿★＿＿　＿＿＿＿」と自信を持って言った。

　　1　たりとも　　　2　勝つ　　　　3　与えずに　　　4　1点

2　大型台風の接近で、＿＿＿＿　＿＿＿＿　＿★＿＿　＿＿＿＿。

　　1　余儀なくされた　　　　　　　2　中止を

　　3　祭りは　　　　　　　　　　　4　今年の

3　「サルも木から落ちる」というのは、＿＿＿＿　＿＿＿＿　＿★＿＿　＿＿＿＿　という
意味である。

　　1　ことがある　　2　上手な人　　3　失敗する　　4　といえども

次の文章を読んで、1　から　5　の中に入る最もよいものを、1・2・3・4から一つ
選びなさい。

皆さん、ご卒業おめでとうございます。

一昨年入学した208名が、1名たりとも　1　ことなく、本校を巣立って行くことを、大変うれしく思います。

さて、人は誰でも困難なことを避ける　2　が、「困難はそれを乗り越えられる人にしか与えられない」という言葉があります。いかなる困難　3　、乗り越えられないものはないということです。それを1つ1つ乗り越えることによってさらなる成長をし、それぞれの道で活躍されることを　4　。

以上、簡単ではありますが、私のお祝いの言葉と　5　。

1　　1　欠ける　　　　2　卒業する　　　3　飛び立つ　　　4　うれしい

2	1	ことを余儀なくされます	2	次第です
	3	きらいがあります	4	はずがありません

3	1 とあって	2 といえども	3 というより	4 とともに

4	1	願えるでしょうか	2	願ってやみません
	3	願ってたまりません	4	願ってはなりません

5	1	していただきます	2	してさしあげます
	3	させていただきます	4	させてさしあげます

問題4 　<청해>

まず話を聞いてください。それから、二つの質問を聞いて、それぞれ問題用紙の1から4の中から、最もよいものを一つ選んでください。

1	1	参加者に感謝していること	🔊 05
	2	許可なく撮影しないこと	
	3	現地の人に品物を与えないこと	
	4	体調管理をしっかりすること	

2	1	現地の人との関わり方	2	自分自身の健康
	3	現地の人の健康	4	特に気をつけることはない

3 飯食わぬ女房（1）
밥을 먹지 않는 아내(1)

できること

● 옛날 이야기 속 표현을 보고 이야기의 전개를 따라 읽을 수 있다.

본문 해석 보기

◀)) 06

昔、あるところに一人の男がいた。男は、けちなうえに怠け者で、掃除や洗濯もしなかった。だから、部屋はたいそう汚く、中に入れば体中ほこり**まみれ**になるほどで、どろぼうも逃げ出すありさまだった。

友達は「いつまでもそんな暮らしを続けるのはよくない。早くお嫁さんをもらえ。」と言うのだが、男は友達の心配をよそに、「確かに家は汚いけれど、俺は俺**なりに**楽しく暮らしているよ。一人なら余計な金もかからないし。」と全く気にしていない。「まあ、何も食べない嫁ならもらわ**ないでもない**がね。」などと言う**しまつ**で、友達もあきれてそれ以上は何も言わなかった。

ある日の夕方、男の家に若い女が訪ねてきて、「どうか私をお嫁さんにしてください。掃除**なり**洗濯**なり**、※お前様のおっしゃることは何でもします。それに私は物を食べませ**ん。**」と言った。「それは結構**ずくめ**な話だ。」と男は大喜びして女を嫁にした。

女は働き者**にして**美人、さらに食べ物は**おろか**一滴の水すら口に**しなかった。**気立ても良く、文句も言わずに男のために食事を作り、掃除や洗濯をした。おかげで男の身なりも家も、見違えるようにきれいになった。けちで怠け者の男からすると、これ以上の幸運はない。働き者の嫁をもらった男は、前よりもっと怠け者になった。

※お前様：昔使われた、相手を丁寧に呼ぶ言い方。

38

16 ほこりまみれ ★★

どう使う？

「～まみれ(～투성이)」는 표면 전체에 불쾌한 것이 묻어 있다는 것을 말하고 싶을 때 사용한다. 「借金まみれ(빚투성이)」와 같이 좋지 않은 상황에서 벗어나지 못하는 모습을 나타낼 경우에도 쓰인다.

N ＋ まみれ ～투성이

＊「ほこり(먼지)・汗(땀)・油(기름)・泥(진흙)」 등 한정된 명사에만 사용된다.

②

① 試合終了のホイッスルが響き、泥まみれの選手たちは雨の中でお互いの健闘をたたえ合った。

② 小麦粉の入ったボウルをひっくり返した子猫は粉まみれになってしまった。

③ 全身血まみれになった男性が、担架に乗せられて事故現場から運び出された。

④ 借金まみれの生活から脱出するために、弁護士に相談しに行くことにした。

やってみよう！

정답 별책 P.2

1) 汗（a．まみれ　b．気味）になって、トラックに家具を運び込んだ。

2) 息子の部屋の机の下から間違い（a．まみれ　b．だらけ）の数学の答案用紙が出てきた。

3) 押し入れの奥にしわ（a．まみれ　b．だらけ）のスーツがあった。

4) 引っ越しのあと、Tシャツもジーンズもほこり（a．まみれ　b．がち）になった。

17 友達の心配をよそに ★★

どう使う？

「～をよそに(～을 아랑곳하지 않고)」는 「親の心配をよそに(부모의 걱정은 아랑곳하지 않고)」와 같이 '～을 무시하고'라고 말하고자 할 때 사용한다. 「渋滞をよそに(정체와는 상관없이)」처럼 '～와는 상관없이'라고 말할 때에도 쓴다.

N ＋ をよそに ～을 아랑곳하지 않고, ～와는 상관없이

① 教師の再三の注意をよそに、学生は授業中も携帯電話をいじっている。

② 恋人が泣いて引きとめるのをよそに、彼はカメラを携えて戦場に向かった。

③ 友人たちが就職活動を始めるのをよそに、山田さんはサークル活動にのめり込んでいる。

④ 景気の低迷をよそに、順調に売り上げを伸ばしている会社もある。

やってみよう！

정답 별책 P. 2

1）社長は部下の進言をよそに、　・　　・a）会社を辞めて、ラーメン店を始めよう
　　　　　　　　　　　　　　　　　　　　　　としている。

2）夫は妻の心配をよそに、　　　・　　・b）歩道を走り抜けようとする自転車が多い。

3）歩行者の迷惑をよそに、　　　・　　・c）国内生産にこだわり、工場の海外移転
　　　　　　　　　　　　　　　　　　　　　を認めなかった。

4）車内の冷ややかな視線をよそに、・　　・d）大声でうわさ話をする高校生の一群が
　　　　　　　　　　　　　　　　　　　　　いた。

18 俺なりに　　　★★★

どう使う？

「〜なりに(〜나름대로)」는 「自分なりに工夫して作る(내 나름대로 고안해서 만들다)」와 같이 '어떤 대상의 입장이나 성질, 수준에 맞게'라는 의미로 사용한다. 또한 「子どもなりにがんばっている(아이 나름대로 노력하고 있다)」처럼 '대상에게 한계나 결점이 있지만 가능한 한'이라는 의미로도 사용할 수 있다.

PI ＋ ┌ なりに　〜나름대로
　　　└ なりの ＋ N　〜나름의
[なA だ　N だ]

＊「それなり(그런대로)」「〜ば〜なり(〜하면 〜하는 대로)」라는 표현도 있다.

① 営業部は営業部なりに頑張っているんだろうが、売り上げはなかなか伸びていない。

② お金がなければないなりに、楽しみ方はあるものだ。

③ 日本語が上達したらしたなりに、新しい疑問が次から次へと出てくる。

④ あの子は幼いなりに親を助けようと、いろいろ努力している。

⑤ この1年貯めたお金がそれなりの額になったから、親を旅行に連れて行こうと思っている。

やってみよう！

1) 若者には若者なりの、老人には老人なりの（a．楽しみがある　b．ずいぶん違う）。

2) 狭い部屋は狭いなりに（a．快適に過ごせます　b．収納スペースに困ります）よ。

3) A：本田君！　何なんだ！　この営業成績は。

　　B：すみません。僕なりに（a．努力しきれなかったんです　b．努力したんです）。

　　　　でも……。

4) 誰でも練習すればしたなりに、（a．優勝できる　b．上手になる）ものだ。

19　もらわないでもない　★★

どう使う？

「〜ないでもない（〜하지 않는 것은 아니다）」는 「高い気がしないでもない(비싼 느낌이 들지 않는 것은 아니다)」와 같이 어떤 것을 '〜이다'라고 단정지어 말하고 싶지 않을 때 사용한다. 「ぜひと頼まれれば、引き受けないでもない(제발 부탁이라고 하면 받아들일 수도 있다)」와 같이 '조건이 맞으면 〜할 수도 있다'라는 의미로도 사용된다.

> **V-ない** ＋ ないでもない　〜하지 않는 것은 아니다, 〜할 수도 있다

＊「〜ないものでもない・〜なくもない(〜하지 않는 것은 아니다)」의 형태로도 사용된다.

① 彼が犯人だという証拠はないでもないが、まだ断定はできない。

② A：ぜひにと言われれば飲まないでもないんですが、最近酒は控えているんです。

　　B：じゃあ、まあ、少しだけ……。

③ 君がそんなに頼むんだったら、今回だけ特別に認めないものでもないんだけどね。

④ お寺まで歩いて行けなくもないですが、山道だし、ちょっと大変ですよ。

②

1）あなたが会の司会が嫌だと言うならば、私が代わってやらないでもない。

    a．代わりたいが、代われない

    b．絶対に代わってやる

    c．代わってやってもいい

2）願書は今日の消印有効だから、今から出せば受験できないものでもないですよ。

    a．受験の意思がないので、受験はしない

    b．受験の意思があれば、受験できる

    c．受験の意思はあるが、もう受験できなくなった

☞ p.182 ～ないでは／ないでも　　☞ p.185 ～もの／もん

20　言うしまつで ★

どう使う？

「～しまつだ（～할 지경이다）」는 지금까지의 과정을 설명하고, '좋지 않은 일이 계속 이어져서 결국 ～라는 나쁜 결과가 되었다'라는 의미로 사용된다. 화자의 비난이나 유감을 나타낸다.

V-る ／ **V-ない** ＋ しまつだ　～할 지경이다, ～하는 꼴이다

① 彼は金にルーズで、方々で借金を重ね、あげくの果てに会社の金を使い込んで解雇されるしまつだ。

② 「面倒くさい」が口癖の母は、歩いて5分のスーパーに行くのにも車を使い、ついに運動不足で医者に叱られるしまつだ。

③ あの女は子どものころから嘘ばかりついていて、最後には詐欺で捕まるしまつだ。

④ 友人は6回も転職しながら、まだ「自分の才能を生かせる会社はない」と言っているしまつで、周囲もあきれている。

21　掃除なり洗濯なり ★★

どう使う？

「AなりBなり（A든지 B든지）」는 'A이든 B이든 어느 쪽이든 다 좋다'라고 생각되는 예를 나열할 때 사용한다. 상대방에게 제안이나 충고, 주의를 줄 때 사용되는 경우가 많다.

$$\boxed{\begin{array}{c}\textbf{N}_1 \\ \textbf{V}_1\text{-る}\end{array}}^{(\text{+조사})} + \text{なり} + \boxed{\begin{array}{c}\textbf{N}_2 \\ \textbf{V}_2\text{-る}\end{array}}^{(\text{+조사})} + \text{なり} \quad \text{～든지 ～든지}$$

* **N₂** / **V₂-る** 에는 「何(무엇)・どこ(へ) (어디)・誰(누구)」 등 의문사를 사용하는 경우도 있다.

① 目が悪いなら、眼鏡なりコンタクトなりすればいいのに。

② 今日は俺のおごりだから、牛丼なりカレーなり、好きに注文していいよ。

③ 休みの日ぐらい仕事のことは忘れて、映画を見るなり、買い物をするなり、好きなことをして息抜きすれば？

④ そんなに一人暮らししたいなら、外国へなりどこへなり、行きたいところに行けばいいだろう。

⑤ 食品の安全基準を見直すなり何なりして、より安全に暮らせるように考えてほしい。

やってみよう！

정답 별책 P.2

１) わからないことは、人に聞くなり（a. わかる　b. 辞書を引く）なりしてみてください。

２) 時間に遅れる場合は、メールなり（a. 電話　b. 連絡）なりしてください。

22　結構ずくめな話

どう使う?

「～ずくめ(～일색)」는 '대부분이 ～으로 채워져 있다, ～가 연속되다'라는 의미를 나타낸다.

N ＋ ずくめ　～일색, ～투성이, ～뿐

* 「黒(검정)・白(흰색)・いいこと(좋은 일)・失敗(실패)・ごちそう(진수성찬)・規則(규칙)」 등 특정 단어와 함께 사용된다.

① ご主人の昇進や娘さんの結婚など、山田さんの家はいいことずくめだ。

② 私の学校は規則ずくめで、息がつまりそうだ。

③ 目撃者の証言によると、犯人は身長180cm程度、全身黒ずくめで銃を所持していたということです。

④ 今年の我が県のスポーツ選手は活躍が目覚ましく、サッカーチームは優勝するし、マラソン選手はオリンピック代表に決まるし、結構ずくめな年となりました。

23 働き者にして美人

どう使う？

「(～は) AにしてBだ(～는 A이면서 B이다)」는 '～에는 A, B 두 개의 측면이 있다'라는 의미를 나타낸다.

なA だ
N だ ⎤ + にして ～이면서

① 彼は大学の教授にして、有名な作家でもある。

② 彼女のデザインする服は、どれも個性的にして実用的だと定評がある。

③ 怪盗と呼ばれた男の犯行の手口は大胆にして、かつ繊細だった。

24 食べ物はおろか一滴の水すら口にしなかった ★★

どう使う？

「AはおろかB…ない(A는커녕 B도 …않다)」는 「食事はおろか水さえ飲めない(식사는커녕 물조차 마실 수 없다)」와 같이 「も(도)・さえ(조차)・まで(까지)・すら(조차)」 등과 함께 쓰여, 'A는 물론, 그보다 정도가 낮은 B도 …않다'라는 의미로 사용된다.

N₁ + はおろか + N₂ + も／さえ／まで／すら + …ない ～은커녕 ～도/조차/까지 …않다

① 彼は真夏でも、エアコンはおろか、扇風機さえ使わないそうだ。

② 最近は、恋人はおろか友人さえ１人もいない人も珍しくないらしい。

③ 重い物を持とうとして腰を痛め、起き上がることはおろか、寝返りを打つこともできない状態だった。

やってみよう！

정답 별책 P.2

1）アラビア語を習ったのに、自己紹介はおろか（a．挨拶　b．討論）も忘れてしまいました。

2）彼は給料日前で、家賃はおろか（a．旅行に行くお金　b．今日の食事代）にも困っているらしい。

☞ p.183 ～にして／にしろ／にした

25 水すら口にしなかった ★★

どう使う？

「〜すら…(〜조차)」는 「日曜日すら休めない(일요일조차 쉴 수 없다)」와 같이 '다른 것은 물론이고 〜도 …없다'라는 의미로 사용된다. 「〜さえ(〜조차)／〜も(〜도)」와 비슷한 의미로, 부정적인 상황에서 쓰는 경우가 많다.

N ＋ (조사) ＋ すら 〜조차, 〜도

＊ 「〜にすら/〜ですら(〜조차)」처럼 앞에 조사가 붙는 경우도 있다.
＊ 「〜か＋すら(〜인지조차)」의 형태도 사용된다.

① 仕事が忙しすぎて、昼休みすら満足に取れない。
② 本に夢中になって、夜が明けたことにすら気づかなかった。
③ スピーチに慣れた人ですら、話し始めはどきどきする そうだ。
④ 夕べはすっかり酔ってしまって、どうやって家に帰ったかすら思い出せない。
⑤ 予算不足で工事が中断されたまま、再開されるかどうかすらわからない。

⑤

やってみよう！

정답 별책 P.2

1）80歳の祖母は好奇心が強く、来年は（a．南極　b．温泉）へすら出かけかねないと家族は心配している。

2）（a．専門家　b．受験生）ですら解けない問題を入試に出すなんてひどすぎるよ。

3）（a．ジョギング　b．マラソン）すらしたことがないのに、10kmも走れるわけがない。

4）彼は、上司どころか（a．近所の人　b．家族）にすら相談せずに、会社を辞めてしまった。

Check 📖

정답 별책 P.2

1）今回の大統領の訪日中の行動は異例＿＿＿＿＿＿＿で、外務省の職員を困惑させた。

2）100年前の女性たちには、選挙に立候補する権利＿＿＿＿＿＿＿、投票する権利さえなかった。

3）社員の不満＿＿＿＿＿＿＿、社長は今年もボーナスを支給しないらしい。

4）当時は、収入も少なかったが、貧しい＿＿＿＿＿＿＿生活の工夫をしたものだった。

5）漫画家＿＿＿＿＿＿＿医学博士でもあった手塚治虫は、その知識を作品に生かしている。

にして はおろか なりに ずくめ をよそに

6）工場では車の整備士が、油＿＿＿＿＿＿＿で作業をしている。

7）あの患者さんは、もう自力で食べ物を飲み込むこと＿＿＿＿＿＿＿できないのです。

8）極めて少数だが、情報技術の恩恵を自ら絶って生活する人がいない＿＿＿＿＿＿＿＿＿。

9）奨学金の面接を受けるなら、スーツぐらい買う＿＿＿＿＿＿＿借りる＿＿＿＿＿＿＿したほうがいいよ。

すら まみれ でもない なり

46

③ 飯食わぬ女房（2）
밥을 먹지 않는 아내(2)

본문 해석 보기

できること

● 옛날 이야기 속 표현을 보고 등장인물의 행동이나 사건 경위 등을 이해할 수 있다.

🔊 07

16〜34

あるとき、「お前様がいるとゆっくり掃除ができません。昼間は外で遊んできてくださいっ。」
と嫁が言うので、男は久しぶりに外へ出た。

男が歩いていると、道の向こうから友達がやって来た。うれしくなった男は、友達に嫁をもらったと聞いて、お祝いかたがた嫁の顔を見に来たのだった。うれしくなった男は、友達に嫁の自慢話をした。

だが、友達は真っ青な顔をして、「何も食べない人間がいるとは、信じられない。それは化け物だ。」と言った。そして、「明日、出かけるふりをして、こっそり様子を見てみろ。」と言い残し、逃げるように帰ってしまった。

次の日、男は家を出るふりをして、家の中をのぞいてみた。笑顔だった嫁は、男が家を出るなり恐ろしい顔になった。「あのけちの怠け者め！昼間っから酒は飲むわ、ごろごろするわ。」とつぶやき、大きい釜で米を炊き始めた。そして、結んでいた長い髪をほどいた。ああ、腹が減ったぞ。頭の後ろから、鋭い歯が生えた大きな口が現れた。

嫁は、米が炊けるが早いかどんどん握り飯を作り、作るそばから頭の後ろの口へ放り込み、むしゃむしゃと食べ始めた。「これでは足りぬ。肉はどこじゃ。」前の口から、恐ろしい言葉が飛び出した。びっくりした男は、つい「ひゃあ！」と悲鳴を上げてしまった。

「誰じゃ！」長い髪の間から、ぎらぎら光る眼が男をにらみつけた。

「見たな！見られたからには、お前を食わずにはおかないぞ！」

捕まったが最後、食べられてしまうに違いない。あわてて逃げ出した。

「待て！お前を食ってやる！」恐ろしい顔で追いかけて来る女は、二つの口を持つ女という妖怪だったのだ。

26 お祝いかたがた

どう使う?

「AかたがたB(A 할 겸 B)」는 「お見舞いかたがた会いに行く(병문안할 겸 만나러 가다)」와 같이 'A라는 목적도 있어서 B를 하다'라는 의미를 나타낸다. B에는 「伺う(찾아뵙다)・行く(가다)・訪ねる(방문하다)・来る(오다)」 등 이동과 관련된 동사가 자주 사용된다.

Ⓝ + かたがた ~할 겸

* 「挨拶(인사)・お見舞い(병문안)・報告(보고)・お礼(감사)・お祝い(축하)・おわび(사죄)」 등의 단어와 함께 사용되는 경우가 많다.

① お世話になった先輩のお宅へ、お礼かたがた新年のご挨拶に伺った。

② 上司が入院したので、お見舞いかたがた仕事の進め方について相談に行った。

③ 先生、本日はご無沙汰のお詫びかたがた、就職のご報告に参りました。

➕ Plus

～がてら ★

「AがてらB(A 하는 김에 B)」는 'A의 기회를 이용하여 B 하다'라는 의미로 쓰인다. A・B에는 이동과 관련된 단어가 자주 사용된다.

Ⓝ / V-ます + がてら ~하는 김에

① 合格祈願のお参りがてら、早咲きの梅を見に行きませんか。

② 散歩がてら、コンビニで牛乳買ってきたよ。

③ 出産した友達に、お祝いを届けがてら、会いに行った。

---

27 何も食べない人間がいるとは ★★★

どう使う?

「～とは(～라니)」는 의외인 사실에 대한 화자의 놀람・감탄・어처구니없음 등의 감정을 나타낸다.

PI ＋ とは　〜라니

[なA （だ） N （だ）]

＊「〜とは。(〜라니.)」와 같이 뒷부분을 생략하는 경우도 있다.

① 有名なコーヒーショップだと聞いてはいたが、コーヒー1杯2,000円とは驚いたよ。

② 外国での一人暮らしがこんなに大変だとは思ってもみなかったよ。

③ 内気で無口だった彼女が女優になるとは、人生はわからないものだ。

④ まさか君たちが結婚するとはねえ。学生時代はけんかばかりしていたじゃないか。

⑤ あの優しそうな老人が、強盗事件の犯人だったとは。

やってみよう！

정답 별책 P. 2

1) 1枚だけ買った宝くじが当たるとは、・　　　・a) 今まで気づかなかった。

2) ベッドの下にこんなにほこりがたまっ・　　　・b) 夢を見ているようだ。
　　ていたとは、

3) 高級ブランドのバッグが簡単に壊れる・　　　・c) 一体何を食べたんだ。
　　とは、

4) 1週間で3キロも太るとは、　　　・　　　・d) 偽物だったのかな。

28　家を出るなり　　★★

どう使う？

「〜なり…(〜하자마자…)」는 '〜한 후에 바로 …가 일어나다'라고 말할 때 사용된다. 일어난 사건이나 다른 사람의 의외의 행동에 놀랐을 때 사용되는 경우가 많다.

V-る ＋ なり　〜하자마자

① 警部は受話器を置くなり、コートを片手に飛び出していった。

② 彼女は立ち上がるなり、コップの水を彼の顔にかけた。

③ 王子はシンデレラを一目見るなり、恋に落ちてしまった。

③

やってみよう！

1）警官は「伏せろ！」と叫ぶなり、犯人に向かって（a．発砲した　b．話しかけた）。

2）社長は料理を口にするなり、（a．苦しんでいた　b．苦しみ出した）。

3）彼は、名人が作った器を手に取るなり、（a．同じ作品を作った　b．素晴らしいと言った）。

29　酒は飲むわ、ごろごろするわ　★

どう使う？

「AわBわ(A 하지 B 하지)」는 곤란한 이유나 상황을 나열할 때 사용한다. 긍정적인 일에 사용하기도 한다.

Pl₁ ＋ **わ** ＋ **Pl₂** ＋ **わ**　〜하지 〜하지
[현재형만]　　　 [현재형만]

① 雨には降られるわ、上司には叱られるわ、ついていない１日だった。

② 最近、中村くん、どうしたんだろう。遅刻はするわ、宿題は忘れるわ……。

③ 例文は難解だわ、字は小さいわ、こんな辞書、買う人いるのかな。

④ 料理はうまいわ、眺めはいいわ、あの旅館は最高だったね。

30　米が炊けるが早いか　★★

どう使う？

「〜が早いか…(〜하자마자…)」는 「〜なり(〜하자마자)」와 마찬가지로 '〜한 직후 거의 동시에 …가 일어나다'라는 의미로 사용된다. '…'가 일어나기까지의 시간이 매우 짧다는 것에 대한 놀람을 표현할 때 쓰는 경우가 많다.

V-る ／ **V-た**　＋　**が早いか**　〜하자마자

① 店員がドアを開けるが早いか、待っていた客がなだれ込んできた。

② 侍が刀に手をかけるが早いか、敵は悲鳴を上げる間もなく倒れた。

③ 魔法使いが呪文を唱えるが早いか、王子はたちまち蛙に変わった。

④ 刑事はタクシーに乗り込んだが早いか、「前の車を追ってくれ」と言った。

やってみよう！

1）12時の鐘（かね）が鳴るが早いか、美しい馬車（ばしゃ）はあっという間にカボチャに戻った。

    a．12時の鐘（かね）がなるとすぐ、馬車（ばしゃ）はカボチャに戻った。

    b．12時の鐘（かね）が鳴るより早く、馬車（ばしゃ）はカボチャに戻った。

2）受付時間になるが早いか、待（ま）ち構（かま）えていたように電話が鳴り出した。

    a．受付時間になるのを待っている間に、電話がかかってきた。

    b．受付時間になるかならないかのうちに、電話がかかってきた。

3）母親が出かけるが早いか、子どもたちはゲームを始めた。

    a．子どもたちは母親がいる間はゲームをしなかった。

    b．子どもたちは母親が早い時間に出かけたので、ゲームをした。

31　作るそばから　★★

どう使う？

「Aそばから B(A 하는 즉시 B)」는 'A 한 후 바로 B를 하다'라는 의미로 사용된다. A・B 두 개의 동작이 몇 번이나 반복되는 모습을 나타내거나, '열심히 해서 A를 했음에도 바로 B이기 때문에 노력이 헛되이 되어 버렸다'라는 뜻으로 자주 사용된다.

V-る ／ **V-た** ＋ そばから　〜하는 즉시, 〜하기가 무섭게, 〜하는 족족

① 父は肉が焼けるそばから私たちの皿にどんどん載（の）せてくれた。

② 工場では新しい製品が完成するそばから箱詰（はこづ）めされて出荷（しゅっか）されていく。

③ 今日は大雪（おおゆき）で、帽子（ぼうし）にも肩（かた）にも払うそばから雪が降（ふ）り積もってしまう。

④ ゴミを片付けたそばからカラスが散らかすので、道が汚れて困る。

やってみよう！

1）学生たちは積極的なので、教師が説明するそばから（a. 新しい質問を出す
   b. シーンと静まり返る）。

2）問い合わせのメールに返信^{へんしん}するそばから次のメールが（a. 入ってくる　b. 来ない）
   ので、なかなか他の仕事ができない。

3）この商品は入荷^{にゅうか}するそばから（a. 人気がある　b. 売れてしまう）ので、常に品^{しな}
   薄^{うす}だ。

32　食わずにはおかない　

どう使う？

「〜ずにはおかない（〜하고야 말겠다）」는 '〜하기까지 포기하지 않겠다, 반드시 〜하겠다'라는 화자의 강한 의지를 나타낸다.

V-ない　＋
- **ずにはおかない**　〜하고야 말겠다, 반드시 〜한다
- **ないではおかない**　〜하고야 말겠다, 반드시 〜한다

① 「今度こそ犯人を捕まえずにはおかないぞ」と警部^{けいぶ}は心^{ちか}に誓った。

② 当時の大統領は、自分の意見に反対する者を排除^{はいじょ}せずにはおかない人間だった。

③ 彼の過失^{かしつ}となれば、会社は損害賠償^{そんがいばいしょう}を請求^{せいきゅう}しないではおかないだろう。

「〜ずにはおかない（〜하게 만든다, 〜하게 한다）」는 '자연스럽게 〜한 감정이 생기다, 〜인 상황이 되다'라는 의미로도 자주 쓰인다.　★

① 盲目^{もうもく}のピアニストが奏^{かな}でる美しい調べは、聴衆^{ちょうしゅう}の心を震^{ふる}わせずにはおかなかった。

② 大手^{おおて}の自動車メーカーが倒産^{とうさん}するようなことがあれば、多くの中小企業^{ちゅうしょうきぎょう}の経営危機^{きき}を引き起こさずにはおかないだろう。

③ 地球外生命体^{ちきゅうがいせいめいたい}の異様^{いよう}な映像^{えいぞう}は、見る人に衝撃^{しょうげき}を与えずにはおかないだろう。

👉 p.180 〜ずには　　👉 p.182 〜ないでは／ないでも

33　捕まったが最後

どう使う？

「～たが最後…(한번 ～했다 하면…)」는 '만약 ～한다면, 반드시 …하게 되어 버린다'라는 의미를 나타낸다.「…」에는 화자에게 있어서 바람직하지 않은 상태를 나타내는 말이 들어간다.

V-た ＋ が最後　한번 ～했다 하면, ～하면

＊ 회화체로는「～たら最後(한번 ~했다 하면)」가 자주 사용된다.

① 彼はアトリエにこもったが最後、寝食を忘れてしまうので家族は心配している。

② 顧客からの信頼は一度失ったが最後、取り戻すことは難しいだろう。

③ この本は読み始めたが最後、徹夜してでも一気に終わりまで読みたくなる面白さです。

④ このボタンを押したら最後、データの復元は二度とできなくなるから、注意してね。

16
〜
34

34　食ってやる

どう使う？

「～てやる(～해 주겠다)」는 '분노・불만 등의 강한 감정을 갖고 ～하다'라는 의미를 나타낸다.

V-て ＋ やる　～해 주겠다

① もう我慢できない。こんな会社辞めてやる。

② あんなやつ、なぐってやる。

③ 何回も失敗したけど、今度こそ絶対頂上まで登って
やる。

④ 営業成績を伸ばして、来月は一番になってやる。

③

Check 📖

정답 별책 P.2

1) たった700円で、こんなにおなかいっぱい食べられる ＿＿＿＿＿＿＿、いい店を見つけたね。

2) ライオンは草_{くさ}むらから飛び出す ＿＿＿＿＿＿＿、シマウマの群れに襲_{おそ}いかかった。

3) うちの弟はゲームを始めた ＿＿＿＿＿＿＿、時間というものを忘れてしまうんです。

が最後　　が早いか　　とは

4) お前、無駄遣_{むだづか}いはやめると言った ＿＿＿＿＿＿＿、新しいかばんを2つも買うなんて、どういうことだ。

5) 裁判_{さいばん}で犯罪被害者が、何としても被告_{ひこく}に罪を償_{つぐな}わせず ＿＿＿＿＿＿ と思うのは当然である。

6) 本日_{ほんじつ}は、先生に合格のご報告 ＿＿＿＿＿＿＿、お礼に伺_{うかが}いました。

7) 連日_{れんじつ}仕事に追われていた夫は、昨晩深夜に帰宅する ＿＿＿＿＿＿＿、玄_{げん}関_{かん}で倒れてしまったのです。

かたがた　　そばから　　なり　　にはおかない

問題 1 <문법 형식 판단>

次の文の（　　）に入れるのに最もよいものを、1・2・3・4から一つ選びなさい。

1　無理して徹夜（てつや）なんてしなきゃよかった。早く寝る（　　）、薬を飲む（　　）
しておけば治ったかもしれない。

　　1　につけ／につけ　　　　　　　**2**　にしろ／にしろ

　　3　やら／やら　　　　　　　　　**4**　なり／なり

2　計算ソフトの使い方を何度も教えているのに、本田君（ほんだ）は聞いた（　　）忘れる
んだよね。

　　1　が早いか　　　**2**　次第（しだい）　　　**3**　そばから　　　**4**　なり

3　新発売のエコカーは環境への配慮（はいりょ）（　　）、価格の面でも皆様にご納得（なっとく）いただ
けるものとなっております。

　　1　どころか　　　**2**　はおろか　　　**3**　かたがた　　　**4**　はもとより

4　内容が暴力的（ぼうりょくてき）であるという親たちの批判（　　）、子どもたちはこの番組を楽
しんで見ている。

　　1　をよそに　　　**2**　を抜きに　　　**3**　といえども　　　**4**　をもって

5　すいかの皮はたいていの人が捨ててしまうが、工夫すれば（　　）。

　　1　食べられるものではない　　　　**2**　食べられないでもない

　　3　食べられない　　　　　　　　　**4**　食べずにはおかない

6　私にとって、彼は学年1位を争うライバル（　　）最高の親友でもありました。

　　1　にして　　　**2**　にもまして　　　**3**　において　　　**4**　に対して

7　どろぼう猫は魚屋に入った（　　）、近くにあったサンマをくわえて逃げ出した。

　　1　とは　　　**2**　が最後　　　**3**　そばから　　　**4**　が早いか

8 大変申し訳ありませんが、やむを得ぬ事情により、今回は欠席させていただく（　　　）です。

  1 しまつ **2** 一方 **3** 最中 **4** 次第

問題2 ＜문장 완성＞

次の文の＿★＿に入る最もよいものを、1・2・3・4から一つ選びなさい。

1 いくら真夏でも、Tシャツ1枚で ＿＿＿ ＿＿＿ ★ ＿＿＿ だ。

  1 非常識 **2** とは **3** 登る **4** 富士山に

2 スケートを教えてほしいって彼女に言われたんだけど、実は俺、
＿＿＿ ＿＿＿ ★ ＿＿＿ さえできないんだ。どうしよう……。

  1 立つこと **2** 滑ること **3** 氷の上に **4** はおろか

3 毎晩、壁の中から奇妙な音がする。安いから借りたけど、
＿＿＿ ＿＿＿ ★ ＿＿＿ あるらしいんだ。

  1 安いのには **2** この部屋が **3** 理由が **4** それなりの

問題3 ＜글의 문법＞

次の文章を読んで、後の問いに対する答えとして最もよいものを、1・2・3・4から一つ選びなさい。

「おい、そこの時計見てみろ。もう5時だぞ。2時の休憩に入るが早いか、飛び出したっきりで……。出てったが最後、3時半になっても、4時になっても帰ってこないし……。うちみたいな小さな店は、1人欠けても大変ってわかるだろ。

 ほら、また！ いつもお前は人が話してるそばから、ケータイいじって……。ちょっと貸してみろ！」

「あ！」

「『兄貴、さっきはありがとう。』何だ、これは？」

「すいません。実は弟がバイクで事故って、それで病院へ行ってたんです。」

「それなら電話するなり、誰か他のアルバイトに言っておくなりしろよ。……まあ、早く治るといいな。」

---

1 誰が誰に対して怒っているか。

1 店長がアルバイト店員に　　　　**2** 客がアルバイト店員に

3 店長が客に　　　　　　　　　　**4** 新人店員が先輩の店員に

2 この人が怒っている理由は何か。

1 相手が休憩時間が終わっても戻らなかったから

2 相手が休憩時間に帰宅して戻ってこなかったから

3 相手が携帯電話で話しているから

4 相手が遅れた理由をまだ言わないから

問題4　<청해>

1　まず話を聞いてください。それから、二つの質問を聞いて、それぞれ問題用紙の1から4の中から、最もよいものを一つ選んでください。

1　**1** 猿が落とした　⇒　道に落ちていた　⇒　蟹が拾った　🔊 08

　　2 道に落ちていた　⇒　蟹が拾った　⇒　猿がもらった

　　3 道に落ちていた　⇒　猿が拾った　⇒　蟹がもらった

　　4 蟹が落とした　⇒　道に落ちていた　⇒　猿が拾った

2　**1** うそつきだと思っている。

　　2 自己中心的だと思っている。

　　3 頭がいいと思っている。

　　4 楽天的だと思っている。

2　この問題では、問題用紙に何も印刷されていません。まず文を聞いてください。それから、それに対する返事を聞いて、1から3の中から、最もよいものを一つ選んでください。

1　**1**　　**2**　　**3**　　　　　　　　　　　　　　🔊 09

2　**1**　　**2**　　**3**　　　　　　　　　　　　　　🔊 10

3　**1**　　**2**　　**3**　　　　　　　　　　　　　　🔊 11

上司との付き合い方 (1)

상사와 잘 지내는 법 (1)

できること

본문 해석 보기

● 실용서 등을 읽고, 필자의 생각을 이해할 수 있다.

🔊 12

会社では、さまざまな人が働いています が、一人前の社会人ともなると、当然嫌いな 人とも付き合わなくてはなりません。そのた め気楽な学生時代にひきかえ、多くのストレ スを抱えることになるでしょう。

会社を辞める理由では、「人間関係」が常 に上位に挙がっています。上司との関係での 問題もさることながら、同僚や後輩との関係であ れ、仕事を進める うえでは人間関係は非常に大切です。

特に新人のみなさんにとって、上司との関 係をよくしておくことは重要です。仕事上、 何か問題が起これば、現状に即した対応が求 められます。そんなとき、上司の指示を仰ぐ ことが必要だからです。

そしてもし、わからなかったら何度でも聞 き返しましょう。それが許されるのは新人で ある今をおいて他にありません。

35 社会人ともなると ★★

どう使う?

「～ともなると…(～이 되면…)」는 '～의 조건이나 입장이라면 그에 걸맞게 당연히 …이 될 것이다' 라는 의미로 사용된다.

N + ┌ **ともなると** ～이 되면, ～정도 되면
      └ **ともなれば** ～이 되면, ～정도 되면

＊ 명사뿐만 아니라 동사에 접속하는 경우가 있다.

① 総理大臣ともなると、その言動の1つ1つが大きな影響を与える。

② そこは一見目立たない店だが、昼休みともなると大勢の客が列を作る有名ラーメン店だ。

③ 普段はスポーツに関心のない人も、オリンピックともなれば夢中でテレビにかじりつく。

④ 工場を建てかえるともなると、億単位の金がかかる。

やってみよう！

정답 별책 P.3

1) 宗教に無関心な日本の若者も正月ともなれば（a．寺や神社へ　b．海外旅行に）行くことが多い。

2) 勉強嫌いの学生でも、試験前ともなると（a．遊んでいるわけにはいかない　b．何もしない）だろう。

3) キャンプ場は（a．夏休み　b．平日）ともなると親子連れでにぎわう。

4) 有名なサッカー選手ともなると（a．コマーシャルの出演料も高額だ　b．マスコミは関心がない）。

5) 世界一周旅行ともなると（a．荷物は全部準備した　b．荷物の準備も大変だ）。

35 ～ 45

36　気楽な学生時代にひきかえ

どう使う？

「～にひきかえ…(～과 달리…)」는 '한 쪽은 ～하는데, 다른 쪽은 …한다'와 같이 대조적인 두 가지의 사건을 비교할 때 사용하는 표현이다.

PI ＋ の ＋ にひきかえ　～과 달리, ～과 반대로, ～에 비해
[**なA** だな]

＊ 명사의 경우에는 「 **N** だ ＋ の ＋ にひきかえ」가 된다.
＊ 「 **なA** ／ **N** である ＋ の ＋ にひきかえ」의 형태도 있다.

① あの映画は前作の観客が250万人を超えたのにひきかえ、続編は100万人にも届かなかったそうだ。

② 父親の死後、2人の兄が家や土地をもらったのにひきかえ、末の弟に残されたのはなぜか1冊の古いノートだけだった。

③ 災害時、迅速に対応した民間団体にひきかえ、政府は対応の遅れが目立った。

④ 佐藤君の作品が独創的であるのにひきかえ、山下君のは平凡で面白みに欠ける。

37 待遇の問題もさることながら ★★

どう使う？

「〜もさることながら…(〜도 물론이지만…)」는「この車はデザインもさることながら、性能もいい(이 차는 디자인도 물론이지만 성능도 좋다)」와 같이 '〜뿐만 아니라 …도'라는 의미로 사용된다. 또한「車選びはデザインもさることながら、安全性を重視すべきだ(차를 고를 때는 디자인뿐만 아니라 안정성을 중시해야 한다)」와 같이 '〜도 중요하지만 〜은 더더욱 중요하다'라고 말할 때 사용하기도 한다.

N ＋ もさることながら　〜도 물론이지만, 〜도 있지만

① 少子化の原因は、晩婚化もさることながら、教育費の負担の大きさにもある。
② 熱中症を予防するには、水分補給もさることながら、塩分などを適度にとる必要もある。
③ 学生街のレストランは味もさることながら、量が多いことが第一条件だと言われる。

やってみよう！

정답 별책 p.3

1）専門知識はもちろん必要だが、コミュニケーション能力はもっと必要だ。

　　a．専門知識もさることながら、コミュニケーション能力も必要だ。

　　b．コミュニケーション能力もさることながら、専門知識も必要だ。

2）健康のためにはもちろん治療も大切だが、それ以上に病気予防に努力する必要がある。

　　a．健康のためには予防もさることながら、治療に努力すべきだ。

　　b．健康のためには治療もさることながら、予防に努力すべきだ。

38 上司との関係であれ、同僚や後輩との関係であれ ★★

どう使う？

「AであれBであれ…(A이든 B이든…)」는 'A이든 B이든 그 어떤 것이든 똑같이 …이다'라는 의미로 사용된다.

N₁ ＋ であれ ＋ **N₂** ＋ であれ　〜이든 〜이든, 〜도 〜도

＊　**N₂** 에는 의문사도 쓰인다.

① 犬であれ猫であれ、このマンションでペットを飼うことは禁止されています。

② ２位であれ３位であれ、優勝できなければ意味がない。

③ 論文であれ手紙であれ、他人の書いたものを引用するときには、著作権に配慮しなければならない。

④ このウォーターカッターを使えば、コンクリートであれ何であれ、切れないものはない。

④

やってみよう！

〜 정답 별책 P.3

1）風力発電（a．であれ　b．だし）太陽光発電（a．であれ　b．だし）、再生可能エネルギーの利用が望ましい。

2）彼は文科系出身（a．であれ　b．だし）、まだ入社３年目で経験不足（a．であれ　b．だし）、今回のプロジェクトのリーダーを任せるには不安がある。

3）初めての海外旅行でカップラーメン（a．であれ　b．やら）パーティードレス（a．であれ　b．やら）いろいろスーツケースに詰め込んだが、結局必要なかった。

4）子ども（a．であれ　b．とか）大人（a．であれ　b．とか）、交通ルールは守らなければならない。

「의문사(＋ N)＋であれ(~이든)」는 「〜であっても(~라고 하더라도)」라는 의미로 사용된다. ★★

① たとえどんな理由であれ、暴力は許されない。

② どこであれ、あなたの行くところへ私もついて行きたい。

39　現状に即した対応 ★★

どう使う？

「〜に即して(~에 따라서)」는 '어떤 상황이나 경험, 규칙에 맞춰서 어떤 행동을 한다'라는 의미로 사용된다. 법률이나 규칙의 경우, 한자는 「則して」를 쓴다.

N ＋ ┌ にそくして　〜에 따라서
　　　└ にそくした ＋ N 　〜에 따른

＊ 상황, 경험, 규칙 등을 나타내는 명사와 함께 쓰인다.

① 地形や産業構造など地域の実情に即して、災害対策を急がなくてはならない。

② 弊社は、時代に即した経営によって、常に業界をリードしてまいりました。

③ この地区で路上喫煙すると、条例に則して1万円以下の罰金が科せられるそうだ。

やってみよう！

정답 별책 P.3

1) どんな組織のリーダーでも、状況に即した（a．理想　b．判断）が求められるものだ。

2) 顧客のニーズに即した（a．商品開発　b．市場調査）が企業の生き残りの道だ。

3) 本校では（a．校長　b．規定）に則して、成績優秀者に奨学金が与えられることになっている。

40　今をおいて他にありません　★★

どう使う？

「～をおいて他にない（～이외에 다른 것은 없다）」는 '～뿐이다, ～이외에 따로 없다'라는 의미로 사용된다. '비교해 보니 ～이 제일이다'라고 높은 평가를 할 때 사용되는 경우가 많다.

 ＋ をおいて他にない　～이외에 다른 것은 없다, ～말고는 달리 방법이 없다

＊「～をおいて他にいない」「～をおいてない」 등의 형태도 사용된다.

① 地球の生態系を保全し、環境を守ることができるのは、人類をおいて他にない。

② 次期社長は、経歴、人格、実績すべての面からみて、彼をおいて他にいないだろう。

③ 有利な条件で転職するなら、景気が好転している今をおいて他にない。

④ 経営戦略論を学ぶとしたら、この大学のビジネススクールをおいて他にないと思うよ。

やってみよう！

정답 별책 P.3

1) A：この仕事を任せられるのは、君（a．をおいて　b．をよそに）他にいないんだ。

　　B：はい、精一杯やらせていただきます。

2) もうすぐ雪がちらつき始める。渡り鳥が南へ向かうのは、今（a．をおいて　b．なしには）ない。

3) 同窓会は恩師（a．をおいて　b．をぬきにして）開くことはできないだろう。

👉 p.184 ～ほか

「何をおいても(무엇보다도)」は'어떤 상황에서도 제일 먼저'라는 의미로 쓰인다. ★★

地震の際は、何をおいても、まず身の安全を確保してください。

Check 📖

정답 별책 p.3

1) 丈夫な兄 ＿＿＿＿＿＿＿＿、弟は風邪をひいても入院するくらい病弱だ。

2) 一流の通訳 ＿＿＿＿＿＿＿＿、いろいろな分野の知識が要求されるそうだ。

3) 我が社の顧客情報は、個人情報保護法 ＿＿＿＿＿＿＿＿ 適正に処理し、管理致します。

4) 医療に関する件ならば、佐藤弁護士 ＿＿＿＿＿＿＿＿ 他にはいないと言われている。

に則して　　にひきかえ　　をおいて　　ともなると

5) 武士たちは、有事の際は何 ＿＿＿＿＿＿＿＿ 駆けつけなければならないので、勝手にその土地を離れることはできなかったそうだ。

6) きっかけは何 ＿＿＿＿＿＿＿＿、走ることが楽しいと感じるようになればいいですね。

7) メロディーの美しさ ＿＿＿＿＿＿＿＿、子どもたちの澄んだ歌声が印象に残った。

をおいても　　もさることながら　　であれ

上司との付き合い方 (2)

상사와 잘 지내는 법 (2)

본문 해석 보기

できること

● 실용서 등을 읽고, 필자의 생각을 이해할 수 있다.

◀)) 13

ちなみに、伸びる新人とは、どんな人なのでしょうか。それは素直な人だと多くのベテラン社員が言います。上司から言われたことは、とりあえず聞いて、その通りやってみましょう。それがあなたの成長につながるはずです。あなたの今後のキャリアライフは、言う**までもなく**上司との関係**いかん**にかかっているのです。

そうは言っても、上司も人間ですから、いろいろなタイプの人がいます。もし、どうしても好きになれない上司についてしまったら、どうしたらよいのでしょうか。

飲み会などで上司の悪口を言っても、一時の気晴らしにはなりますが、結局嫌な思いを自分の心に定着させてしまいます。それより、せめて、「嫌い」を「好きとは言えない**いまでも嫌いではない**」レベルまで持っていく努力をしてみましょう。これは「美的凝視」という方法です。例えば、細かいミスばかり指摘する嫌な上司に対しても、その長所に目を向けるように努力するのです。すると、叱るときは厳しいけれども、その後の面倒見のよさといい、緻密で正確な仕事ぶりといい、実は意外にデキる上司だと気づくこともあります。

長所を見つけたら、同僚の前で話題にしましょう。あなたが高く評価していることが同僚を通じて上司に伝われば、直接伝える以上に真実味を持つこともあります。よい人間関係は、いわば思いやりのギブ・アンド・テイクといったところではないでしょうか。あなたからも、ぜひ周囲の人に積極的に働きかけて、お互いを理解するきっかけをつかんでください。

41　言うまでもなく ★★★

どう使う?

「～までもなく(～할 필요도 없이)」는 '이미 알고 있거나 당연한 것이기 때문에 ～할 필요가 없다'라는 의미로 사용된다.

V-る ＋ ┌ **までもなく**　～할 필요도 없이
　　　　 └ **までもない**　～할 필요도 없다

① 遠方に足を運ぶまでもなく、ネットを通じて地方の特産品が手に入る時代になった。
② この程度のことなら、社長の指示を仰ぐまでもないだろう。
③ 環境保護の必要性は、改めて世論に問うまでもないことだ。
④ 彼が何を言いたいかは聞くまでもないよ。

やってみよう!

정답 별책 P.3

1) 不景気で売り上げが減っていることは、<u>決算書を見るまでもなく</u>明らかだ。
　　a. 決算書を見ればわかることだ
　　b. 決算書を見なくてもわかることだ
　　c. 決算書を見なければわからないことだ

2) 今さら<u>言うまでもなく</u>、タバコは「百害あって一利なし」です。
　　a. 言う必要もないが
　　b. 言ってもしかたがないが
　　c. 言わなければならないが

☞ p.185 ～まで

42　上司との関係いかん ★★

どう使う?

「～いかん(～여하)」는 「検査の結果いかんで、手術することになるかもしれない(검사 결과 여하에 따라 수술하게 될지도 모른다)」와 같이 '～이 어떤 내용·상태인가에 따라 어떻게 될지가 결정된다'라는 의미로 사용된다.

N ＋ **(の)** ＋ **いかん**　～여하, ～여부

① 戦争を回避できるかどうかは、今回の会談の結果いかんにかかっている。

② 明日のロケット打ち上げは、天候いかんで延期になる可能性が出てきました。

③ 今回のツアーは政治情勢いかんによっては、中止になる場合もあります。

④ いつの時代でも創意と工夫のいかんで、新たな事業の可能性が開けるはずだと信じている。

やってみよう！

정답 별책 P.3

1) 新製品の売れ行きいかんで、　・

2) テストの成績いかんによって、・

3) 台風の今後の進路いかんでは、・

4) 受講希望者の人数いかんによっ・
　　ては、

・a) 飛行機が欠航になることもあります。

・b) 次期のクラスが開講されないこともあります。

・c) ボーナスの額が増える可能性がある。

・d) 奨学金の受給者が決まる。

「～いかん（~여하）」은「 N ＋の＋いかん にかかわらず（여부에 관계없이）／によらず（여하를 막론하고）／を問わず（여하를 불문하고）」등의 형태로, '~이 어떠한 내용・상태라도 관계없이'라는 의미로 쓰인다. ★★

① お申し込み後は、理由のいかんにかかわらず、キャンセルできませんのでご了承ください。

② 履歴書などの応募書類は、結果のいかんによらずご返却いたしません。

③ この保険は、国籍のいかんを問わず、国内で働く全ての人に加入が義務づけられています。

➕ **Plus**

いかんせん～／いかんともしがたい

「いかんせん～／いかんともしがたい」는 '유감스럽지만 어찌할 도리가 없다/어떻게 할 도리가 없다'라는 의미로 사용된다.

① 彼女の誕生日だというのに、いかんせん給料日前で財布の中はからっぽだ。

② 大学生チームも健闘しているが、やはりプロとの実力差はいかんともしがたい。

43 好きとは言えないまでも ★★★

どう使う?

「AないまでもB(A 하지는 못해도 B)」는 'A만큼 높은 수준은 아니더라도 B정도는'이라는 의미로 사용한다.

V-ない ＋ ないまでも ～하지는 못해도

① 時給1,000円はもらえないまでも、850円はもらいたい。

② 酒をやめろとは言わないまでも、せめて週に1日は飲まないほうがいいと思う。

③ 初めてテントに寝たが、快適とは言えないまでも、思ったほど悪くはなかった。

④ リハビリを続けて、走れないまでも何とか歩けるようになった。

③

35～45

やってみよう!

정답 별책 P.3

1) <u>金メダルとは言わないまでも、せめて銅メダルはとってほしい。</u>

   a. 金メダルがだめでも最低、銅メダルはとってほしい。

   b. 金メダルはほしくないが、銅メダルは必ずとってほしい。

   c. 金メダルはほしいが、銅メダルはいらない。

2) お腹を冷やすと<u>病気には至らないまでも体に悪い影響</u>を与えるらしい。

   a. 病気にはならない場合も体に悪い影響がある

   b. 病気になって体に悪い影響がある

   c. 病気にならなければ体に悪い影響はない

3) そんな商売をしていたら、<u>法に触れないまでも信用を失う</u>ぞ。

   a. 法律違反で警察に捕まって、客に信用されなくなる

   b. 法律について考えないで商売をすると、客に信用されなくなる

   c. 法律には違反しないが、客に信用されなくなる

☞ p.185 ～まで

44 面倒見のよさといい、仕事ぶりといい

どう使う?

「AといいBといい…(A도 그렇고 B도 그렇고…)」는 A・B 두 개의 예를 들어 '전체적으로 ～이다'라고 말할 때 쓴다. 훌륭하거나 정도가 심한 것을 나타낼 때 사용한다.

N₁ ＋ **といい** ＋ **N₂** ＋ **といい** ～도 그렇고 ～도 그렇고

① 濃厚なスープといい、麺のほどよい硬さといい、さすが日本一のラーメンだね。
② 温泉といい、スキー場といい、冬の北海道は観光客にとって、魅力がいっぱいです。
③ このホテルは全く期待はずれだった。サービスといい、料理といい、ひどいものだ。

やってみよう!

정답 별책 P.3

1) このプールは広さ（a. といい　b. なり）、深さ（a. といい　b. なり）、子どもがあそぶにはちょうどいい。

2) 飲み物はアルコール（a. といい　b. であれ）、ソフトドリンク（a. といい　b. であれ）、別に料金がかかるんだって。

3) 部長のネクタイは色（a. といい　b. であれ）柄（a. といい　b. であれ）センスがいいけど、自分で選んでいるのかな。

☞ p.180 ～といい／といわず

45 ギブ・アンド・テイクといったところ ★★

どう使う?

「～といったところだ(대략 ～정도이다)」는 상대가 알기 쉽게 다른 단어로 바꾸거나 예를 들어 설명할 때 사용한다.

N ＋ **といったところだ** 대략 ～정도이다, ～정도쯤 되다

① 人気役者の浮世絵は、今日でいえばアイドル写真といったところだ。
② 今や、高速道路のサービスエリアは、温泉やショッピングまで楽しめるテーマパークといったところだ。

③ 子どもに人気の料理と言えば、カレーやハンバーグといったところでしょう。

④ 私が生まれたのは歴史のある古い町で、日本なら奈良や京都といったところです。

やってみよう！
정답 별책 p.3

1）我が社の営業部長は、いわば陰の（a．社長　b．社員）といったところだ。重要な決定事項は彼ぬきでは決められない。

2）運動嫌いの人にお勧めの健康法は（a．ストレッチやウォーキング　b．マラソンやボクシング）といったところでしょうか。

☞ p.181　～といった　　☞ p.181　～ところ

Check 📖
정답 별책 p.3

1）この程度の契約であれば、わざわざ君が行く ＿＿＿＿＿＿＿＿ よ。

2）レシピ通りに作れば、プロのようには作れ ＿＿＿＿＿＿＿＿、家族に喜んでもらえる程度には作れますよ。

3）脳梗塞は初期の対応 ＿＿＿＿＿＿＿＿、その後の病状に大きな差が出ると言われる。

4）この著作物は、目的 ＿＿＿＿＿＿＿＿、無断転載を禁じます。

5）昔の犬の名前は、ポチやシロ ＿＿＿＿＿＿＿＿ だったが、最近はクッキーやショコラなど食べ物の名前が人気のようだ。

6）ファンティエットは美しい砂浜 ＿＿＿＿＿＿＿＿、すてきな街並み ＿＿＿＿＿＿＿＿、新婚旅行にもおすすめのリゾート地です。

6）

ないまでも	いかんによって	といったところ
までもない	といい	のいかんにかかわらず

정답 별책 p.11

問題 1 <문법 형식 판단>

次の文の（　　　）に入れるのに最もよいものを、1・2・3・4から一つ選びなさい。

---

1 A：どうして連絡してくれなかったの。
B：大したけがじゃないから、わざわざ知らせる（　　　）と思ったんだ。

1 はずもない　　**2** おそれがない　　**3** までもない　　**4** に違いない

---

2 担保がなくても、経営状態（　　　）、融資が受けられる場合もあるらしいよ。

1 いかんによらず　　　　　　**2** いかんにかかわらず

3 いかんによって　　　　　　**4** いかんせん

---

3 出張でも観光でも目的は何（　　　）、海外に行くときは保険をかけたほうがいいよ。

1 とか　　　**2** であれ　　　**3** やら　　　**4** といい

---

4 仕事疲れのストレス解消方法は、仕事を少し忘れてみること、それ（　　　）でしょう。散歩や旅行などで気分転換を図りましょう。

1 をはじめとする　　　　　　**2** をおいてない

3 を問わない　　　　　　　　**4** をもとにした

---

5 我が校は医学部の研究設備が充実しているの（　　　）、工学部は実験装置さえ満足に整っていない。

1 にひきかえ　　　　　　　　**2** をぬきにして

3 もさることながら　　　　　**4** に限らず

---

6 道路交通法を現状（　　　）改正してほしい。

1 をよそに　　**2** に即して　　**3** をおいて　　**4** であれ

| 7 | 窓ガラスを交換すれば、この騒音が（　　　　）、だいぶ静かにはなりますよ。 |

1 なくならないうちに　　　　　　　　**2** なくならないことには

3 なくならないまでも　　　　　　　　**4** なくならないかぎりは

| 8 | 勤続20年のベテラン（　　　　）、音を聞いただけで機械の故障がわかるという。 |

1 ともなれば　　**2** はおろか　　**3** といった　　**4** といえども

問題2　<문장 완성>

次の文の　★　に入る最もよいものを、1・2・3・4から一つ選びなさい。

| 1 | 移転先は、交通の便といい ＿＿＿ ＿＿＿ ★ ＿＿＿ 他にないと思われる。 |

1 良さといい　　**2** 治安の　　**3** をおいて　　**4** ここ

| 2 | 当校は、納入された ＿＿＿ ＿＿＿ ★ ＿＿＿ いたしません。 |

1 理由の　　　　　　　　　　　　　　**2** 返還

3 いかんにかかわらず　　　　　　　　**4** 入学金は

| 3 | 掃除ロボット "R" は、＿＿＿ ＿＿＿ ★ ＿＿＿ かわいい動きで、人気に火がついた。 |

1 ような　　　**2** ペットの　　**3** 機能面も　　**4** さることながら

問題3　<글의 문법>

次の文章を読んで、 1 から 4 の中に入る最もよいものを、1・2・3・4から一つ選びなさい。

> 　社員数が1,000人を超える会社 1 管理職だけが頑張ってどうにかなるものではありません。一人一人の社員の意識が大切です。私の部署でも、余暇を上手に使って、資格を取得する者や、資格は 2 専門書をよく読んでいる者など、役職や仕事の経験年数の 3 前向きな社員ばかりです。

また、社員がなかなか定着しないと嘆いている会社が多いのにひきかえ、我が社は 4 。社員同士のコミュニケーションもとれ、効率の良い仕事のし方が工夫されているからだと自負しています。

1 　**1** に即して　　**2** をもって　　**3** ともなると　　**4** あっての

2 　**1** 取らないまでも　　　　　　**2** 取るべきではなく
　　3 取ったがさいご　　　　　　**4** 取ることをおいて

3 　**1** いかんともしがたく　　　　**2** いかんにかかわらず
　　3 いかんで　　　　　　　　　**4** いかんによって

4 　**1** 中途退職者がほとんどいません　**2** 中途退職者がほとんどです
　　3 新入社員が毎年入ってきます　　**4** 新入社員が毎年辞めていきます

問題4 <청해>

この問題では、問題用紙に何も印刷されていません。まず文を聞いてください。それから、それに対する返事を聞いて、1から3の中から、最もよいものを一つ選んでください。

1 　**1**　　**2**　　**3**　　　　　　　　　　　🔊 14

2 　**1**　　**2**　　**3**　　　　　　　　　　　🔊 15

3 　**1**　　**2**　　**3**　　　　　　　　　　　🔊 16

5 ドラマのシナリオを読む 드라마의 시나리오를 읽다

転職（てんしょく）（1）
이직(1)

본문 해석 보기

できること

● 드라마의 시나리오를 읽고, 등장인물의 비판적인 심리를 이해할 수 있다.

🔊 17

【某月某日（ぼうがつぼうにち）】

毎々新聞（まいまいしんぶん）　社会面見出し
警備会社（けいびがいしゃ）、三千万円（さんぜんまんえん）奪（うば）われる　——宿直社員（しゅくちょくしゃいん）は居眠（いねむ）り

警察署（けいさつしょ）　取調室（とりしらべしつ）
警備会社の部長（ぶちょう）・阿部（あべ）、机（つくえ）をはさんで刑事（けいじ）

刑事「一体（いったい）どうなっているんですか、おたくの社員（しゃいん）は。」

阿部「はぁ……。」

刑事「本当（ほんとう）に間（ま）が抜（ぬ）けているというおか、無責任（むせきにん）というおか。宿直（しゅくちょく）がですよ、誰（だれ）も見ていないのをいいことに、ぐっすり寝込（ねこ）んでいたなんて……。」

阿部「いやぁ……。」

刑事「何度（なんど）聞いても『私（わたし）は寝（ね）ていました。記憶（きおく）にありません』を繰（く）り返（かえ）すだけだ。おたくは警備会社なんでしょう。そんな言（い）い訳（わけ）、誰（だれ）が納得（なっとく）するんですか。自覚（じかく）がないにもほどがありますよ。厳（きび）しい監視（かんし）をくぐり抜けてやられたならまだしも、これは警備以前（いぜん）の問題じゃないですかね。」

阿部「う～ん……。」

刑事「まあ、被害者（ひがいしゃ）の方（ほう）にこんなこと言うのも酷（こく）だけど、これは起（お）こるべくして起こった事件（じけん）と言ってもいい。業種（ぎょうしゅ）が業種（ぎょうしゅ）なだけに、これからマスコミも騒（さわ）ぎ出すでしょう。あなたも覚悟（かくご）しないと……。」

（阿部（あべ）を見る刑事（けいじ）の目（め）、鋭（するど）い）

46
〜
64

46 間が抜けているといおうか、無責任といおうか ★★

どう使う?

「AといおうかBといおうか(A라 해야 할지 B라 해야 할지)」는 딱 맞는 표현을 생각하면서 설명할 때 사용하는 표현이다. 「(실은 이상한 그림이라고 생각하면서) 個性的といおうか、とても真似できないといおうか、ユニークな絵だね(개성적이라 해야 할지, 도저히 흉내 낼 수 없는 것이라 해야 할지, 독특한 그림이군)」처럼 직접적으로 말하는 것을 피하고 싶을 때 사용하는 경우도 있다.

PI₁ + といおうか + PI₂ + といおうか　~라 해야 할지 ~라 해야 할지
[**なA** だ **N** だ]　　[**なA** だ **N** だ]

＊「~といおうか」만 단독으로 쓰기도 한다.
＊「~というべきか」「~というか」도 같은 의미로 사용된다.

① 彼女の存在は、砂漠のオアシスといおうか、嵐の夜の灯台といおうか、辛い毎日の中の大きな慰めだ。

② このお弁当、量が少ないというか、味が薄いというか、とにかく物足りないんだよ。

③ 電車で財布を盗まれたんですが、運がよかったというべきか悪かったというべきか、中には100円しか入っていなかったんです。

④ やる気があるのはいいのだが、積極的すぎるといおうか、言い方がストレートといおうか、もう少しチームのメンバーの気持ちも考えたほうが……。

⑤ 入社して2年も経つのに社長の名前さえ言えないとは、上司として情けないといおうか何といおうか、全く言葉もないよ。

⑥ あの店員、5万円の化粧水を勧めるなんて、庶民感覚を知らないといおうか……。

やってみよう!

정답 별책 P.3

1) 君の論文、テーマは面白いんだけど、分析が甘いといおうか、論旨があいまいといおうか、(a. 字を大きくして読みやすくしたらどう
   b. 全体の構成を見直したほうがいいんじゃない)?

2) 台風のさなかにサーフィンするなんて、無茶といおうか、怖いもの知らずといおうか、(a. 無謀な行為としか思えない　b. 禁止されている)。

3) 彼はルーズといおうか、大らかといおうか、(a. 少しだらしない　b. 心が広くて優しい) ところがある。

2)

4）A：このコート、品質、よさそうよ。値段も手ごろだし……。

B：う〜ん、センスが今一つというか何というか、（a．やっぱりこれが一番いいよね

b．あんまり買う気になれないな）。

47　誰も見ていないのをいいことに　★★

どう使う？

「〜のをいいことに（〜을 기회로）」는 '〜을 유리하게 이용하여 좋지 않은 일을 하다'라고 비판적인 감정을 표현할 때 사용된다.

PI ＋ の ＋ をいいことに　〜을 기회로, 〜을 틈타

[**なA** だな　**N** だな]

＊「**N** をいいことに」「**なA** ／ **N** であるのをいいことに」의 형태도 사용된다.

① 夜間、人気がないのをいいことに、トンネル内の落書きはエスカレートする一方です。

② 山本君は電車が遅れたのをいいことに、テストが終わる頃、堂々とやってきた。

③ どうやらうちの猫、飼い主の留守をいいことにいたずらをしたらしく、部屋がめちゃくちゃだ。

④ 表現の自由は守るべき権利の１つだが、それをいいことに他人を傷つけるような作品を面白半分に作る人たちを認めるべきではない。

やってみよう！

정답 별책 P.4

1）小川さんったら店員が見ていないのをいいことに、

2）社長の甥であるのをいいことに、

3）誰にも疑われていないのをいいことに、

4）親が叱らないのをいいことに、

・a）上司に反抗したり仕事をさぼったりと、彼は好き勝手なことばかりしている。

・b）彼女は会社の金を使い続けた。

・c）子どもは電車の中を走り回っている。

・d）試食のチョコレートを３つも食べたんだよ。

46〜64

48 誰が納得するんですか

どう使う?

「〜か(〜까?)」는 「こんな少しで足りるか！もっとくれ(이렇게 조금으로 충분할까! 더 줘)」와 같이 질문하는 것 같지만 '아니야! 절대로 〜않아'라고 강하게 부정하는 표현이다.

文章 ＋ か 〜까?

① 私は医者なんです。薬がないからといって、患者を放っておけますか。

② 善意の寄付金を着服するなんて、そんな政治家、許すことができますか。

③ こんなくだらない番組、3時間も見ていられるか。

④ あとちょっとで頂上なんだから、少し雨が降ってきたからといって今さら引き返せるか。

49 自覚がないにもほどがあります ★★

どう使う?

「〜にもほどがある(〜에도 정도가 있다)」는 '너무 지나치다'라는 의미로, 좋지 않은 상황을 강조할 때 사용한다.

PI ＋ にもほどがある 〜에도 정도가 있다, 〜에도 분수가 있다
[현재형만]
[なA だ N だ]

① 両親が苦労して送ってくれたお金を遊びに使うなんて、親不孝にもほどがある。

② 無灯火の上にメールをしながら自転車に乗るなんて、非常識にもほどがありますよ。

③ 中身を減らして、2割引きと言って売るなんて、客を馬鹿にするにもほどがある。

④ A：政治のことを全く知らない君が国会議員になろうなんて、冗談にもほどがある。
B：僕は本気だよ。もっと市民の視点で政治を行う人間が必要だと思うんだ。

⑤ A：あの人、友だちの結婚式に白いドレス着て行ったんだって。
B：え?! 物を知らないにもほどがあるよね。

やってみよう！

1) 入社式に親がついて行くとは、・

2) 借りた金を返さずに、また借りに来・
るとは、

3) 買いすぎて食べる前に腐らせちゃう・
なんて、

4) 泥棒に同情してお金をあげるなんて、・

・a) 図々しいにもほどがある。

・b) もったいないにもほどがあるよ。

・c) 人がいいにもほどがある。

・d) 過保護にもほどがある。

50　厳しい監視をくぐり抜けてやられた**ならまだしも**　★★★

どう使う？

「AならまだしもB(A라면 또 몰라도 B)」는 'A라면 어떻게든 받아들일 수 있겠지만, B는 받아들일 수 없다'라는 의미로 사용된다.

PI ＋ **ならまだしも**　～라면 또 몰라도

[**なA**だ　**N**だ]

＊「だけ(~만)」「から(~때문에)」「で(~라서)」 등에도 접속한다.

① スニーカーならまだしも、サンダルやハイヒールで登山なんて無茶だ。

② A：安いホテルならまだしも、有名旅館でこのサービスはひどすぎるよね。

　　B：まあ、料理はおいしいし、温泉もいいからいいじゃない。

③ 自分で払うならまだしも、全部僕に払わせるのにまだ食べるつもり？

④ 電気代が上がった。それだけならまだしも、4月から家賃を2,000円上げると言われて、困っている。

⑤ A：この靴、いいんだけど小さいサイズしかないんだって……。

　　B：大きいならまだしも、小さい靴じゃどうしようもないよね。

①

やってみよう！

1）A：え？ 新車（しんしゃ）を買うの？

　　B：（a．よく使う　b．あまり使わない）ならまだしも、
　　　週に1回も乗らないのに、必要ないでしょう？

2）お父さん、（a．家で　b．近所で）ならまだしも、パジャ
　　マで外へ出るのはやめてほしいんだけど……。

3）（a．たくさん　b．安かった）ならまだしも、定価（ていか）でいく
　　つも買ってくるなんて、どういうつもり？

4）隣（となり）の部屋の騒音（そうおん）、（a．たまに　b．いつも）ならまだしも、こう続くとまいっちゃ
　　うよ。

👉 p.182 ～なら

51　警備以前（けいび）の問題　★★★

どう使う？

「～以前（～이전）」은 '중요한 문제는 ～보다 더 기본적인 차원의 문제이다'라는 의미로 상황을 비판할
때 사용된다.

N ＋ 以前　～이전

* 「**なA** ／ **N** である以前」「의문사＋～か」「～かどうか」의 형태도 사용된다.

* 「できるできない（할 수 있다 없다）」와 같이 긍정형＋부정형의 형태나, 「大きい小さい（크다 작다）」와 같이 반대의 의미를
　나타내는 형용사를 나열하여 사용하기도 한다.

① きちんと挨拶（あいさつ）するのはビジネスマナー以前の常識だと思いますね。

② A：宇宙旅行って、どうやって予約するんだろう。

　　B：予約のし方以前に、お前、いくらかかるか知ってるのかよ。

③ A：日本文化紹介のホームページなのに、日本語と英語しかないのはちょっと……。

　　B：それ以前の問題として、写真が少なくて魅力（みりょく）がないと思います。

④ A：このキノコ、きれいね。おいしいかな。

　　B：ちょっと待ってよ。おいしいおいしくない以前に、食べても
　　　大丈夫（だいじょうぶ）なの？

やってみよう！

1）A：さっきの会議、どうして発言しなかったんだ。英語が苦手だからか？

B：いえ、（a．英語　b．会議）以前の問題でして、自分の考えがまとまらなかっ

たんです。

2）A：今度のプロジェクト、いつ始めるんですか。

B：それは未定だね。（a．いつ始めるか　b．未定かどうか）以前に、実施するか

どうかを今検討中だから。

3）A：就活、頑張ってる？

B：（a．卒業　b．就職）以前に、大学の卒業単位が危ないんだよ。

4）A：このレポート、ちょっと読んでみてくれない？

B：うーん。（a．締切　b．内容）以前に、誤字脱字が多すぎるよ。

52　起こるべくして起こった事件　★★

どう使う？

「〜べくして(당연히 〜할 것이)」는 '상황에서 알 수 있듯이 당연한 결과로서 〜이 되었다'라고 말할
때 쓴다.

> **V-る** ＋ べくして ＋ **V-た**　당연히 〜할 것이 〜했다

＊ 「する」는 「すべく」의 형태를 사용하기도 한다.

＊ **V** 에는 같은 동사가 사용된다.

① この車は燃費も良く、洗練されたデザインで、売れるべくして売れたと言える。

② 従業員の幸福と顧客の満足を追求したこのスーパーは、成功するべくして成功した

と言えよう。

③ 指摘された欠陥を放置していたのだから、これは起こるべくして起こった事故だ。

④ 70億の人間の中で、私たち2人はめぐり会うべくしてめぐり会ったのだと思います。

やってみよう！

1）2年前に一緒に会社を作ったころから、もう経営に対する考え方が（a．違っていた

b．一致していた）から、あの2人は、別れるべくして別れたのだと思う。

2）このアニメは、ヒットするべくしてヒットしたと言える。原作が（a．無名のマンガ
で声優も新人　b．大人気のマンガで声優も一流）。その上、宣伝にも力を入れてい
たのだから。

3）あの会社の（a．健全な　b．ずさんな）経営体質を考えると、今回の問題は出るべ
くして出たと言わざるを得ないだろう。

4）彼女は選ばれるべくして選ばれた。（a．たまたま運が良かった　b．それだけの実
績をあげている）のだから。

☞ p.184 〜べき／べく／べからず

53　業種が業種なだけに ★★

どう使う？

「AがAだけに(Aが A인 만큼)」는 '다른 경우와 달리 특별한 A이기 때문에'라는 뜻으로 사용한다.

N ＋ が ＋ **N** （な） ＋ だけに　〜가 〜인 만큼

＊ **N** 에는 같은 명사가 사용된다.

① A：部長に連絡しなきゃいけないんだけど、時間が時間だけに電話はまずいよね。

　　B：そうね。とりあえずメールだけ送っておいて、明日の朝報告したら？

② A：上司の悪口を間違えて社内に一斉送信しちゃったんだって？

　　B：うん。内容が内容だけに、会社に行けないよ。どうしよう……。

③ これは国宝級の仏像なのです。物が物なだけに、普通の運送業者には頼めません。

④ A：部下が顧客データを流出させてしまったんです。どうしたらいいでしょうか。

　　B：ことがことだけに公にしないわけにはいかないな。

やってみよう！

 정답 별책 P.4

1）相手が相手だけに、緊迫した試合になるだろう。

　　a．相手は初心者だから　　　　　b．相手も強いから

2）相手が相手だけに、本気を出したらかわいそうだ。

　　a．相手は初心者だから　　　　　b．相手も強いから

3）乗っている車が車なだけに、金持ちだと誤解されるかもしれないよ。

　　a．外国の高級車だから　　　　　b．国産の小型車だから

4）<u>着ている服が服なだけに</u>、こんな高級レストランには入りづらい。

    a．Ｔシャツとジーンズだから   b．スーツにネクタイだから

Check 📖

정답 별책 P.4

1）状況が状況な ＿＿＿＿＿＿＿、家族の許可をとっている暇はない。とにかく手術を始めよう。

2）匿名 ＿＿＿＿＿＿＿、ネット上で知り合いを中傷していた男が訴えられたそうだ。

3）自分だけ ＿＿＿＿＿＿＿、家族にも悪影響があるわけですから、たばこはやめたほうがいいですよ。

4）髪の毛が１本落ちていただけで、掃除をやり直すなんてきれい好き＿＿＿＿＿＿＿。

ならまだしも　　をいいことに　　だけに　　にもほどがある

46
〜
64

5）今日の試合は負ける ＿＿＿＿＿＿＿ 負けたと思います。自分たちの力を過信していたのが敗因です。

6）出発は来週だというのに、のんびりしている ＿＿＿＿＿＿＿、まだ飛行機の予約をしていないそうだ。

7）当時は、治療法 ＿＿＿＿＿＿＿、それが病気なのかどうかさえわからなかった。

8）Ａ：自分のせいで困ってるんだから、放っておけば？
    Ｂ：あの人は俺の命の恩人だ。放っておける ＿＿＿＿＿＿＿。

以前に　　といおうか　　べくして　　か

본문 해석 보기

できること

● ドラマのシナリオを読み、登場인물의 복잡한 심정을 이해할 수 있다.

🔊 18

警備会社、社長室

阿部と社長、少し離れて、制服姿のガードマンが立っている。

社長「やれやれ、こいつのおかげで、事件以来、早朝と**いわず**、深夜**といわず**、電話は鳴りっぱなし、電話に出たら出たで、どこの誰ともわからんやつに、まったく聞く**にたえない**ような言葉で怒鳴られる。こっちは誠意をもって対応しているのに……。」

阿部「ほんとに……。」

社長「マスコミの連中も、ただ面白がってるだけだ。我々が一歩でも外に出**ようものなら**、何十人と群がってくる。人件費を抑えるつもりで君の意見を入れて思い切って導入したが、裏目に出てしまったな。」

阿部「はあ、申し訳ありません。」

社長「いっそのこと公表するか。あの居眠りガードマンが、実は……。」

ガードマンのほうに視線を移す社長。阿部の顔色が変わる。

阿部「いや、いや、それだけは、絶対に、絶対に、ダメです。ここで、真実を明かせば、さらに信用をなくします。他の社員の手前、解雇という名目で廃棄処分にするべきです！」

社長「だが、あれの開発には一千万かかっている。一般の人間**ならいざしらず**、警察の取り調べにも正体がバレなかったのなら、まだ使い道はある。何とか廃棄せずに働かせられ

ないものか……。」

阿部「はあ……。」

社長「こいつが目立たないように使える部署があれば、それ**に越した**こと**はない**。マスコミに気づかれないうちに、何とかしてくれ。」

54　早朝といわず、深夜といわず　★

どう使う？

「AといわずBといわず(A이든 B이든)」는 'A도 B도 무엇이든 전부'라는 의미를 나타낸다.

N₁ ＋ といわず ＋ **N₂** ＋ といわず　〜이든 〜이든, 〜도 〜도

① 昼といわず、夜といわず、大型のダンプカーが通るのでうちが揺れて困る。

② キティちゃん好きの彼女は服といわず、文具といわず、全部キティちゃんグッズで統一している。

③ 社交的な田中君は、先輩といわず後輩といわず、誰彼なしに気軽に声をかける人だ。

④ 彼の部屋は、床といわずベッドの上といわず、いろいろなものが散乱しています。

☞ p.180 〜といい／といわず

55　電話に出たら出たで　★★

どう使う？

「AたらAたで(A 하면 A 한 대로)」는 「車はないと不便だが、あったらあったで維持費がかかるから困ったものだ(차는 없으면 불편하지만, 있으면 있는 대로 유지비가 들기 때문에 곤란하다)」와 같이 'A여도 A가 아니어도 어느 쪽도 좋지 않다'라는 의미와, 「失敗したら失敗したでまたやればいい(실패하면 실패한 대로 다시 하면 돼)」처럼 '대수롭지 않은 일이다'라는 의미로 사용된다.

PI ＋ ら ＋ **PI** ＋ で　A 하면 A 한 대로
[과거형만]　　　[과거형만]

＊ **PI** 에는 같은 단어가 사용된다.
＊ 형용사의 경우에는 뒤의 **PI** 에 현재형이 쓰이는 경우도 있다.

① 部屋にほこりがたまれば文句を言うし、掃除をしたらしたで、「勝手に入った」と怒るし、全く高校生の息子は扱いにくい。

② 家賃が高いのも困るけど、安かったら安かったで何か問題がありそうで不安だよね。

③ 彼女ったら、メールの返信が遅いと文句を言うし、早かったら早いで「ちゃんと読んでないんじゃない？」って疑うんだ。

④ A：運動会、嫌だな。ビリだったら恥ずかしいし……。

　　B：ビリだったらビリだったで、また練習して速く走れるようになればいいんだよ。

⑤ A：傘、持って行く？

　　B：邪魔だよ。雨が降ったら降ったで、買えばいいよ。

やってみよう！

1）料理をしてと頼めば手を切るし、・

2）深いプールでの事故は想像しや・
　　すいが、

3）学生時代は学費だ合宿だとお・
　　金がかかり、

4）今日は仕事、何時に終わるかわか・
　　らないんだけど、

・a）就職したらしたで給料だけで生活で
　　きず、親に頼ってしまい申し訳ない。

・b）引っ越しを手伝ってもらったらもらっ
　　たで腰が痛いなんて言われるし、もう
　　あの人に頼むのはよそう。

・c）終電に乗れなかったら乗れなかったで、
　　友達のうちに泊まるから大丈夫だよ。

・d）浅かったら浅かったで飛び込みなどに
　　よる事故の心配がある。

 p.180 〜たら

➕ Plus

〜ば 〜で ★★

「〜ば〜で（〜하면 〜한 대로）」도 같은 의미로 사용된다.

① Ａ：お宅は広い庭があってうらやましいですね。

　　Ｂ：いえ。庭があればあったで、手入れに時間もお金もかかるので……。

② 結婚式なんて、しなければしないで別に構わないという人もいる。

③ スーツケースは、小さければ小さいで不便だし、大きければ大きいで邪魔になる。

56　聞くにたえない ★

どう使う？

「〜にたえない（차마 〜할 수 없다）」는 '상황이 너무 심해서 보거나 듣고 있기가 힘들다, 참을 수 없다'라는 의미를 나타낸다.

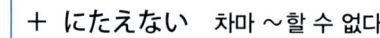

V-る
N 　＋　にたえない　차마 〜할 수 없다

＊「聞く（듣다）・見る（보다）・読む（읽다）・正視（바로 봄）・傾聴（경청）」등 한정된 단어와 함께 쓰인다.

① 言い訳ばかりしている政治家の話は聞くにたえない。

② この小説は内容も低俗で、表現も稚拙で、読むにたえない。

③ 人目も構わず電車の中で化粧している女性の姿は見るにたえないと祖母は嘆く。

④ 強行採決をめぐる国会での乱闘騒ぎは、全く正視にたえない。

☞ p.183 〜にたえない

57　一歩でも外に出ようものなら　★★

どう使う？

「〜(よ)うものなら(만약에 〜한다면)」는 '만일 어떤 행동을 한다면 그것이 안 좋은 결과를 가져온다' 라는 의미로 사용된다. '큰 사태가 벌어진다'는 뉘앙스를 강조하는 표현이다.

V-よう ＋ **ものなら**　만약에 〜한다면

＊ 회화체에서는 「〜もんなら」도 쓰인다.

① 近頃のアルバイトはちょっと注意しようものなら、すぐ「じゃ、辞めます」と言いかねない。

② 帰宅途中で彼女に捕まろうものなら、1時間はおしゃべりに付き合わされる。

③ 1個でも不良品が出ようものなら、契約が取り消されるんだ。お前、下請けの厳しさがわかっているのか。

④ このまま不景気が続こうものなら、我々のような零細企業は軒並みつぶれてしまう。

⑤ うちの奥さん、ちょっとでも言い返そうもんなら、こっちが謝るまで口をきいてくれないんだ。

やってみよう！

정답 별책 P.4

1）この町は道を1本間違えようものなら、

2）あそこの店、ちょっと立ち止まって見ていようものなら、

3）こんな日に舟で海に出ようものなら、

4）卒業論文の提出が1秒でも遅れようものなら、

・a）店員が寄ってきて、あれこれ言うから、うるさいんだ。

・b）あっという間に転覆してしまうぞ。

・c）留年を余儀なくされるんだから、みんな必死だよ。

・d）全然知らない場所に出てしまう。

☞ p.185 〜もの／もん　　☞ p.186 〜よう

58 一般の人間ならいざしらず ★

どう使う?

「〜ならいざしらず(〜라면 어떤지 모르겠지만)」는 '〜라면 그럴지도 모르지만' 혹은 '〜라면 그렇다 치더라도'라는 뉘앙스를 표현할 때 사용한다.

PI ＋ **ならいざしらず** 〜라면 어떤지 모르겠지만, 〜라면 모를까

[**なA** だ **N** だ]

① 加藤さんのように英語が上手ならいざしらず、僕に会議の通訳なんて無理ですよ。

② 学生時代ならいざしらず、君ももう社会人になったのだから、少しは大人としての自覚を持つべきじゃないのか。

③ 自分が不愉快な思いをしたならいざしらず、ネットの情報だけで駄目な店だと言いふらすのはおかしい。

④ 20年前ならいざしらず、今は世界中の人と瞬時にコンタクトがとれる時代ですよ。わざわざ出張しなくてもテレビ会議ですむんじゃないですか。

☞ p.182 〜なら

59 働かせられないものか ★

どう使う?

「〜ないものか(〜할 수 없는 것일까)」는 실현하기 어려운 상황이지만 '어떻게든 〜하고 싶다' 혹은 '실현되길 원한다'라는 바람을 나타낸다.

V-ない ＋ **ないものか** 〜할 수 없는 것일까

＊「〜ものだろうか」「〜ものでしょうか」의 형태도 쓰인다.

① 花粉症の季節がやってきた。この目のかゆみと止まらない鼻水を
何とかできないものか。

① ラッシュアワーの殺人的な混雑は何とかならないものか。

③ 学校に行けない子どもたちのために、何か支援はできないものだろうか。

④ お忙しいことは存じておりますが、一度お話だけでも聞いていただけないものでしょうか。

☞ p.185 〜もの／もん

60 それに越したことはない ★★★

どう使う?

「〜に越したことはない(〜보다 나은 것은 없다)」는 '가능하면 〜이 좋다'와 같이, 일반적으로 좋다고 생각되는 것을 표현하고자 할 때 사용한다.

V-る ／ V-ない
いA
なA だ
N だ
+ に越したことはない 〜보다 나은 것은 없다, 〜이 가장 좋다

① 癌に限らず、病気の発見は早いに越したことはない。

② ピアニストを目指すなら、早く始めるに越したことはないでしょうが、高校生から始めてプロになった人もいますよ。

③ 運動は毎日続けるに越したことはないですが、無理せず自分のペースですることも大切です。

④ 万一に備えて消火器は必ず設置してください。もちろん使わないに越したことはありませんが……。

⑤ 家を借りるなら車庫つきに越したことはないけど、近くに駐車場があれば我慢するよ。

やってみよう!

정답 별책 P.4

1) スピーチは原稿を見ないに越したことはないが、(a. メモを見てはいけないことになっている b. メモぐらいは持っていてもいいだろう)。

2) 災害に備えるに越したことはないと思うので、(a. うちには3日分の非常食が置いてあります b. とても不安で、夜も寝られません)。

3) この本の学習項目は全部覚えるに越したことはないですが、(a. ★の数にかかわらず、全部やってみようと思っています b. 時間がなければ、★が多いものから勉強したほうがいいですよ)。

Check 📖

정답 별책 P.4

1

1）ホテルで働くなら外国語ができる ＿＿＿＿＿＿＿ が、お客様への応対がきちんとできることのほうが大切だ。

2）最近、隣(となり)の人がバイオリンの練習を始めたんだけど、ほとんど騒音(そうおん)で聞く ＿＿＿＿＿＿＿ んだ。

3）天才(てんさい) ＿＿＿＿＿＿＿、難関(なんかん)の国家試験に普通の人間が努力もせずに受かるわけがない。

4）中村(なかむら)には言うな。あいつに知られ ＿＿＿＿＿＿＿、その日のうちに学校中に知れ渡っちゃうから。

5）A：鈴木(すずき)さんと加藤(かとう)さん、けんかしたんだって？

　　B：うん。あの２人は親友だったんだから、何とか仲直りでき

　　　　＿＿＿＿＿＿＿ と思っているんだけど……。

> ようものなら　　ならいざしらず　　にたえない　　ないものか
> に越(こ)したことはない

2

1）自分の考えを主張しなきゃだめだと言いながら、（a．意見を言ったら言ったで　b．主張といわず意見といわず）「生意気(なまいき)だ」と言う。こんな上司では、やる気になれないよ。

2）彼は好きなゲームの関連グッズは（a．CDと言えば言ったで　b．CDといわずフィギュアといわず）、全部買っているらしいよ。

5 転職（3）

이직 (3)

できること

● 드라마의 시나리오를 읽고, 상황이나 등장인물의 심정을 이해할 수 있다.

본문 해석 보기

🔊 19

警備会社、地下倉庫。ガードマンと阿部

ガードマン　「部長、オ疲レサマデス。命令ヲドウゾ。」

阿部　「これでお別れだ。ロボットとはいえ、お前はいい相棒だったよ。」

ガードマン　「"オ別レ"……ソノ命令ハ、職務範囲二、存在シ……」

ガードマン　阿部、ガードマンの帽子を外し、額からメモリーチップを抜き出す。

ガードマン　「○×△☆□○×△☆□○×△☆□ ‼──」

＊　　＊

警備会社、社員食堂。テーブルに若い社員A・B

社員A　「一体どうなるんだろな、この会社。部長は行方不明、社長は毎日警察だし……。つぶれる前に、次の仕事考えなきゃ……。」

社員B　「この会社もせいぜいあと半年といったところだろうな。のんびりしちゃいられないな。」

社員A　「将来を考えると俺も不安だけど、この不景気じゃ辞めるに辞められないよ。」

社員B　「結局消えたのは、三千万と、居眠りしたやつと、部長か……。」

　ピンクの制服姿のウェイトレスが通り過ぎる。

社員A　「あれ、ここ、セルフサービスやめたわけ？こんな会社の危機に、新人かよ……。」

　お！彼女、けっこう、かわいいんじゃない？

　Aの視線を感知し、メニューを持って近づくウェイトレス

ウェイトレス　「オ客様、イラッシャイマセ。注文ヲ、ドウゾ。」

社員A　「ねえ、今日何時に終わんの？俺、営業部の山田っていうんだけど、よかったら、30分だけ、お茶とかどう？」

社員B　「お前、注文にかこつけて、何聞いてるんだよ。」

ウェイトレス　「"ヨカッタラ、30分ダケ、オ茶トカドウ" ……ソノ注文ハ、職務範囲二、存在シマセン。」

── 終わり ──

46
〜
64

61 ロボットとはいえ ★★★

どう使う?

「AとはいえB(A라고는 하지만 B)」는 「春とはいえ、今日はまだ寒い(봄이라고는 하지만, 오늘은 아직 춥다)」와 같이 '분명 A이지만, 그로부터 예상이나 기대되는 것과는 다른 B다'라고 말하고자 할 때 사용한다.

PI ＋ **とはいえ** 〜라고는 하지만, 〜라고는 해도
[**なA**（だ） **N**（だ）]

* 접속사로도 쓰인다.

① 親子とはいえ、触れてはならないプライバシーというものがある。

② ペット可のマンションとはいえ、どんな動物でも飼えるわけではない。

③ いくら虫が苦手だとはいえ、そんなに殺虫剤をまくと体に悪いよ。 ③

④ 容疑者が逮捕されたとはいえ、事件の全面解決までには、まだ時間
がかかるだろう。

⑤ ここ数年で、市民の環境衛生に対する意識は飛躍的に向上している。
とはいえ、新たな感染症への備えも怠ってはならない。

やってみよう!

정답 별책 p.4

1) 無事に退院したとはいえ、(a. 職場への復帰が急がれます　b. しばらくは自宅で
静養が必要です)。

2) いくら上司の命令とはいえ、仕事の内容によっては (a. 従えないこともある　b.
従えないでもない)。

3) 悲惨な事故現場を目にして、予想していたこととはいえ、(a. 驚くほどのことはな
かった　b. さすがにショックを受けた)。

4) 生産ラインの機械化が進んだとはいえ、(a. まだ全てを機械に任せることはできない
b. 人件費が大幅に削減できた)。

☞ p.180 〜といえ／とはいえ

62 せいぜいあと半年といったところだ ★★

どう使う?

「〜といったところだ(잘해야 〜정도다)」는 '정도나 수량이 대략 그 정도다'라고 말할 때 사용한다. 주로 충분하지 않다는 뉘앙스를 나타내며, 「せいぜい(기껏해야)・やっと(겨우)・なんとか(어떻게든)」 등의 단어와 함께 사용하는 경우가 많다.

V-る
N ┐ + といったところだ 잘해야 〜정도다, 기껏해야 〜정도다

① 時給が上がるといっても期待しないほうがいいよ。せいぜい50円といったところだよ。

②

② 桜はまだ五分咲きといったところで、見頃になるまであと数日です。

③ A : ご趣味はピアノだと伺いましたが……。

　 B : いやいや、やっと右手でドレミが弾けるといったところですよ。

やってみよう!

정답 별책 P.4

1) A : スワヒリ語がおできになるそうですね。

　 B : できるなんて、とんでもない。何とか (a . 買い物　b . 通訳) ができるといったところですよ。

2) A : 来週までに1,000個納品してもらいたいんだが……。

　 B : この機械で作れるのは1日にせいぜい80個ぐらいなので、週末をつぶしても納品できるのは (a . 1,000個　b . 600個) といったところなんですが……。

3) ここは (a . 田舎の駅　b . 乗り換え駅) なので、利用者は1日10人といったところです。

☞ p.181　〜といった　　☞ p.181　〜ところ

どう使う？

「AにAない(A 하려고 해도 A 할 수 없다)」는 '이유나 사정이 있어서 A 하고 싶어도 A 할 수 없다' 라는 강한 마음을 나타낸다.

V-る ＋ に ＋ **V-できない**　〜하려고 해도 〜할 수 없다, 〜하고 싶어도 〜할 수 없다

＊ **V-る**・**V-できない** 부분에는 같은 동사가 쓰인다.

＊ 「笑うに笑えない(웃고 싶어도 웃을 수 없다)」「言うに言えない(말하고 싶어도 말할 수 없다)」「泣くに泣けない(울고 싶어도 울 수 없다)」「引くに引けない(물러나려고 해도 물러날 수 없다)」와 같이 할 수 없는 것을 강조하는 표현도 있다.

① A：田中さん、どうしたんだろう？　何か知ってる？

　　B：僕も心配なんだけど、あまりに落ち込んでいるんで、聞くに聞けなかったよ。

② A：雨がひどくて出るに出られないので、約束の時間を遅らせてもらえませんか。

　　B：この雨じゃ、仕方ありませんね。では、1時間後ということで……。

③ 娘が私に寄りかかって寝てしまったので、動くに動けず肩が凝っ

　　てしまった。　　　　　　　　　　　　　　　　　　　　　③

④ 雑誌の間に10万円を隠しておいたが、何も知らない妻がゴミに出

　　してしまって、泣くに泣けない。

⑤ 人間誰でも言うに言えない悩みがあるものだ。

どう使う？

「AにかこつけてB(A를 구실 삼아 B)」는 'A를 B 하기 위한 구실로 하다'라는 의미로 사용한다. 다른 사람을 비판할 때 사용하는 경우가 많다.

N ＋ にかこつけて　〜를 구실 삼아, 〜를 핑계로

① 彼は、地方出張にかこつけて、どうやら恋人に会いに行っているらしい。

② A：山本ったら取引先の接待にかこつけて、高級レストランで何万円もする料理を頼

　　んだんだって？

　　B：それで部長に厳しく注意されたらしいよ。

③ 防災対策にかこつけて、粗悪な商品を売りつける悪徳業者に注意しましょう。

④ 要するに、雪とか桜とか季節の何かにかこつけて、集まって騒ぎたいんだろう。

やってみよう！

1) 記者をしていたときは、＿＿＿＿＿＿＿＿＿ にかこつけて、各地の温泉を楽しんだものですよ。

2) ゲームショーでは、＿＿＿＿＿＿＿＿＿ にかこつけて、自分が楽しんでいる親たちの姿も結構見かけますよ。

3) ＿＿＿＿＿＿＿＿＿ にかこつけて、社長にオフィスのエアコンを全部消され、寒くてたまらない。

4) A：社長は不祥事を起こして以来、＿＿＿＿＿＿＿＿＿ にかこつけてマスコミから逃げているらしいよ。

B：それが本当なら無責任だよね。

病気　　子ども　　取材　　節電

Check 📖

1) A：ご両親にはよく連絡するの？

B：ううん、せいぜい月に1度メールを送る ＿＿＿＿＿＿＿ かな。

2) 子猫が花瓶を割ってしまったが、謝るような姿が
可愛くて ＿＿＿＿＿＿＿。

2)

3) ＿＿＿＿＿＿＿、患者の家族に余命宣告をするのはつらいものだ。

4) ＿＿＿＿＿＿＿、気になる人のメールアドレスを教えてもらった。

| 仕事とはいえ　　といったところ　　仕事にかこつけて
怒るに怒れない |
| --- |

정답 별책 P.11

問題1 <문법 형식 판단>

次の文の（　　　）に入れるのに最もよいものを、1・2・3・4から一つ選びなさい。

1　1個、2個（　　　）、一度に10個もスイカをもらって困ってしまった。

1 ならまだしも　**2** をいいことに　**3** といわず　**4** にかこつけて

2　旅行中のトラブルは、ない（　　　）が、案外それがいい思い出になることもある。

1 きらいがある　　　　　　　　**2** ほかしかたがない

3 にもほどがある　　　　　　　**4** に越したことはない

3　いくらビタミンが豊富（　　　）、毎日こればかり食べているのはどうかなあ……。

1 といおうか　　　　　　　　　**2** ならいざしらず

3 とはいえ　　　　　　　　　　**4** ならまだしも

4　A：なんで社長があんなこと言うのか理解できないよ。

　　B：それ（　　　）、なんで彼が社長なのかが理解できないよ。

1 にひきかえ　**2** 以前に　　　**3** をいいことに　**4** にかこつけて

5　儲けは少ないが、値上げ（　　　）、客はみんな向こうの店に行ってしまう。

1 しないものか　　　　　　　　**2** しようものなら

3 とはいえ　　　　　　　　　　**4** ならまだしも

6　マザー・テレサは、貧困に苦しむ人々を黙って（　　　）のです。

1 見るにもほどがあった

2 見るに越したことはなかった

3 見てはいられなかった

4 見たが最後だった

7 みんなが遠慮して注意しない（　　　）、あの人はいつもここにバイクを止めっぱなしにするんですよ。

1 のをいいことに　　　　　　　2 といおうか

3 のにもまして　　　　　　　　4 ものか

問題2 <문장 완성>

次の文の＿＿★＿＿に入る最もよいものを、1・2・3・4から一つ選びなさい。

1 昨日買ったメロンは、＿＿＿＿　＿＿＿＿　＿★＿＿　＿＿＿＿　が、結構おいしかった。

1 期待していなかった　　　　　2 あまり

3 値段だけに　　　　　　　　　4 値段が

2 テレビでもパソコンでも、＿＿＿＿　＿＿＿＿　＿★＿＿　＿＿＿＿　よ。

1 なんとか　　2 なかったら　　3 なるものだ　　4 なかったで

3 君がイチゴのショートケーキが食べたいと言うから、走って買いに行ってきたのに、もう　＿＿＿＿　＿＿＿＿　＿★＿＿　＿＿＿＿　よ。

1 にもほどがある　　　　　　　2 なんて

3 わがまま　　　　　　　　　　4 いらない

問題3 <글의 문법>

次の文章を読んで、　1　から　4　の中に入る最もよいものを、1・2・3・4から一つ選びなさい。

あーあ、ついに出発しちゃった。島がだんだん小さくなっていく。はぁ、仕事　1　、あんなに遠くまで、砂やら土やらを取りに行くのか。それも、　2　ならまだしも、僕だけで……。

まあ、愚痴ばかり言ってはいられない。距離が距離だけに誰でもいい　3　。だから能力からいって、一番優秀な僕が　4　んだ。

よし、針路とエンジンの確認だ。どちらも異常なし。
先輩のはやぶささんもかっこよかったなあ。最後は流れ
星になって。僕も、小惑星探査、成功させてみせるぞ。

1	**1** とはいえ	**2** をいいことに	**3** 以前に	**4** に違いなく

2	**1** 1人	**2** 仲間と一緒
	3 砂や土	**4** 金やダイヤモンド

3	**1** というわけだ	**2** というわけにはいかない
	3 に決まっている	**4** に越したことはない

4	**1** 選ぶに選べない	**2** 選んだり選ばれたりする
	3 選ぶことは選ぶ	**4** 選ばれるべくして選ばれた

問題4 <독해>

次の文章を読んで、後の問いに対する答えとして最もよいものを、1・2・3・4から一つ選び
なさい。

　特に、大きい組織においては、「事なかれ主義」が広がるおそれがある。事なか
れ主義とは、トラブルがないことを第一に考える消極的な態度である。
　新しいことをやって、失敗でもしようものなら、自分や周囲の人が責任を負わ
なければならない。それで、リスクを避けたい、責任を逃れたいといった気持ち
が働く。すると、例えば、前例のないことや指示がないことはしないということ
が起きる。
　前例がないからと言って、部下のアイデアを全然認めないという上司がいれば、
トラブルも起きないが、成長も望めない。トラブルはないに越したことはないが、
それ以前に、リスクを取らないこと自体が組織にとってのリスクなのである。

1 　部下のアイデアを全然認めないという上司は何の例か。

1 　失敗を恐れない例 　　　**2** 　消極的な態度の例

3 　責任を負おうとする例 　　**4** 　組織を成長させる例

2 　この人が一番伝えたいことは何か。

1 　トラブルを起こさないことが一番大事だ。

2 　新しいことをやってみるのはリスクがある。

3 　リスクや責任はないほうがいい。

4 　リスクを避けてばかりではよくない。

問題5 <청해>

この問題では、問題用紙に何も印刷されていません。まず文を聞いてください。それから、それに対する返事を聞いて、1から3の中から、最もよいものを一つ選んでください。

1	**1**	**2**	**3**	🔊 20
2	**1**	**2**	**3**	🔊 21
3	**1**	**2**	**3**	🔊 22
4	**1**	**2**	**3**	🔊 23
5	**1**	**2**	**3**	🔊 24

6 研修を終えて
연수를 끝마치고

できること

● 송별회 등에서 관계자에게 감사나 포부를 담아 공손하게 발표할 수 있다.

본문 해석 보기

) 25

＜さくら商事・東京本社会議室にて＞

皆様、本日はお忙しい**ところを**お集まりいただき、誠にありがとうございます。先ほどは、社長より激励のお言葉をいただき、感激**の至り**です。

私、本日3月31日**をもって**、本社での研修を終了し、来週ベトナムへ帰ります。研修期間中は慣れない**こととて**皆様にご迷惑をおかけいたしましたが、温かくご指導いただきまして感謝の念**にたえません**。皆様の誠実で丁寧な仕事ぶりから社員**たる**者どうあるべきかを学びました。帰国後は、ハノイ支店にて勤務することになりますが、本社との合同プロジェクトが立ち上がり、引き続き皆様と一緒に仕事ができることは、うれしい**限りです**。まだまだ皆様に助けていただくことも多いと思いますので、今後ともどうぞよろしくお願いいたします。

---

65 お忙しいところを ★★★

どう使う？

「～ところ(を)(～인데, ～인 와중에도)」는 사죄나 의뢰, 감사를 전할 때 도입부로 쓰는 표현이다.

いA
N ＋ の ＋ ところ(を)　～인데, ～인 와중에도

＊「お忙しい(바쁘시다)・お休み(쉬시다)・お急ぎ(서두르시다)・遠い(멀다)・ご多忙(바쁘시다)」등의 단어와 함께 쓰이는 경우가 많다. 상대에게 경의를 표하기 위해 「お・ご」를 붙이는 경우가 많다.
＊「(私が) ～べきところ(제가 ~해야 하는데)」의 형태로 사용하기도 한다.

① お暑いところ申し訳ございませんが、節電のためエアコンの温度は28度に設定させていただいております。
② お急ぎのところ、電車、遅れまして、大変ご迷惑をおかけしましたことをお詫びいたします。
③ 作業中のところ悪いんだけど、これ、コピーしてきてくれる？
④ 本来ならこちらから伺うべきところを、わざわざお越しいただいて恐縮です。

やってみよう！
정답 별책 P.5

1）遠いところを、わざわざ（a. おいでいただき　b. 伺えなくて）申し訳ございません。
2）お客様、本日は雨でお足元が悪いところ、（a. 車で送っていただき　b. ご来店いただき）、誠にありがとうございます。
3）ご多忙のところ、お時間を割いていただき、（a. 恐縮です　b. 大変でございます）。
4）お休みのところすみませんが、至急本社の佐藤まで（a. 休ませてください　b. ご連絡ください）。

☞ p.181　～ところ

65
〜
71

66　感激の至り　★

どう使う？

「～の至り(대단히 ～이다)」는 「非常に～だ(매우 ～이다)」와 비슷한 표현으로 감격스럽거나 강렬하게 느낀 감정을 나타낸다.

N ＋ の至り　대단히 ～이다, 극히 ～하다

＊「光栄(영광)・赤面(부끄러움)・感激(감격)・恐縮(황송함, 송구스러움)」등의 단어와 함께 쓰인다.

① このような権威ある賞をいただきまして、誠に光栄の至りでございます。
② 就任パーティーの席上で新社長の名前を間違えるとは、思い返しても赤面の至りだ。
③ 私のために、かくも盛大な会を開いていただき、感激の至りです。

④ 酒を一気飲みしたうえ、真冬の川に飛び込むなんて、本当に若気の至り※だった。

※ 若気の至り：'젊음 탓에 저지른 실패'라는 의미이다.

👉 p.182　〜に至る／の至り

67　本日３月31日をもって　★★★

どう使う？

「〜をもって(〜으로)」는 무언가가 바뀌거나 끝나는 시점을 확실하게 표현하고자 할 때 사용한다. 「〜をもちまして(〜로써)」의 형태로 사용하는 경우도 많다.

N +
- をもって　〜으로, 〜로써
- をもちまして　〜으로, 〜로써

＊「これをもちまして(이것으로써)」「以上をもちまして(이상으로)」 등의 표현도 있다.

① 当店は本日をもって閉店いたします。長らくのご愛顧、誠にありがとうございました。
② 鈴木二郎殿。４月１日をもって、第２営業部勤務を命じる。
③ 第22回卒業式は、これをもちまして、終了いたします。
④ 以上をもちまして、私のスピーチを終わらせていただきます。

やってみよう！

〜 정답 별책 P.5

1）このプロジェクトチームは本日をもって（a．解散いたします　b．３週間続いています）。
2）当社は10月１日をもって（a．社名を変更いたします　b．営業中です）。
3）本日夜の部をもちまして、この公演の日程は全て（a．売り切れました　b．終了いたしました）。ご観覧誠にありがとうございました。

👉 p.187　〜をもって

68　慣れないこととて　★

どう使う？

「〜こととて(〜때문에)」는 「〜なので(〜이기 때문에)」와 같이 이유를 나타낸다. 회화에서는 사죄하거나, 용서를 구할 때 사용하는 경우가 많다.

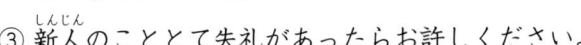

$$\left.\begin{array}{l} \text{N} + \text{の} \\ \text{V-ない} \end{array}\right] + \text{こととて} \quad \text{～때문에}$$

* 동사의 부정형은 「～ぬ」의 형태가 되기도 한다.

① 何分にも田舎のこととて山菜料理しかありませんが、どうぞ
ゆっくりしていってください。

② 先日は責任者不在のこととて十分な対応ができず、申し訳ご
ざいませんでした。

③ 新人のこととて失礼があったらお許しください。

④ 日曜日のこととて社内には人影もなく、しんと静まりかえっていた。

⑤ 昨年お父様が亡くなられたとか。知らぬこととて、お悔やみも申し上げず大変失礼い
たしました。

☞ p.179 ～こと

69 感謝の念にたえません ★

どう使う？

「～にたえない(대단히 ～이다)」는 「非常に～だ(매우 ～이다)」라는 의미를 나타낸다.

N ＋ にたえない 대단히 ～이다

* 「感謝(감사)・同情(동정)・遺憾(유감)・感激(감격)・喜び(기쁨)・後悔(후회)・～の念(～의 마음)」 등과 같은 단어와 함께 쓰인다.

① 長年にわたり弊社の発展にご尽力を賜り、感謝にたえません。

② 念願の世界大会優勝がかない、本当に喜びにたえません。

③ この不況下、経営努力を重ねたうえでの倒産は同業者として同情にたえない。

☞ p.183 ～にたえない

70 社員たる者 ★

どう使う？

「～たる(～라고 하는)」는 '～의 입장・지위의'라는 의미를 나타낸다. 앞에 오는 명사의 입장에서 당연한
도리를 나타낼 때 사용하는 경우가 많다. 「～たる者(～된 자)」의 형태로 자주 사용한다.

$$\text{N} + \left[\begin{array}{ll} \text{たる} + \text{N} & \text{～라고 하는, ～라는} \\ \text{たるに} & \text{～으로서} \end{array}\right.$$

① 企業の経営者たる者は、働く人たちが能力を発揮できるよう環境を整えるべきである。

② プロであれアマチュアであれ、スポーツ選手たる者、正々堂々と戦うことを常に忘れてはならない。

③ 国民の安全を確保できなければ、国家のリーダーたるに値しない。

④ 学生の気持ちを理解しようとしない人間には教育者たる資格はない。

71 うれしい限りです ★★

どう使う?

「～限りだ(～하기 그지없다)」는 '매우 ～라고 느끼다'라는 의미로, 자신이 느낀 감정을 강조할 때 사용한다.

いA
なA な ＋ 限りだ ～하기 그지없다, 매우 ～하다

＊ 감정을 나타내는 단어와 함께 쓰인다.

① 努力の甲斐あって、日本の看護師の国家試験に受かって、うれしい限りです。

② たった2点足りなかったばかりに不合格だなんて、悔しい限りだ。

③ 貴重な本を特別に貸してやったのに、汚されて、腹立たしい限りだ。

④ 何か月も前から楽しみにしていたコンサートが台風で中止だなんて、残念な限りだ。

やってみよう！

정답 별책 P.5

1) クラスの学生が全員、日本語能力試験N1レベルに合格できたとは

＿＿＿＿＿＿＿＿＿ 限りだ。

2) A：今度の監督はナショナルチームの監督を務めたこともあるんだって。

B：それは ＿＿＿＿＿＿＿＿＿ 限りだ。

3) 入社したてのころは社内事情もわからず相談できる友人もいなくて、

＿＿＿＿＿＿＿＿＿ 限りだった。

4) うちの会社は警備会社なのに泥棒に入られるなんて ＿＿＿＿＿＿＿＿＿ 限りだ。

| 喜ばしい | 心細い | 頼もしい | 情けない |

☞ p.183 ～に限る／限り

1) 初級で習った漢字なのに読めないなんて、恥ずかしい ＿＿＿＿＿＿＿＿＿だ。

2) 本日このように無事に創立100周年を迎えられ、社員一同喜び

＿＿＿＿＿＿＿＿＿。

3) お電話でのお問い合わせは本日6時 ＿＿＿＿＿＿＿＿ 終了させていただきました。

4) ホテルの支配人 ＿＿＿＿＿＿＿＿ 者、困った客にもきちんと対応できなければ務まらない。

をもちまして　　たる　　限り　　にたえません

5) 何もわからぬ素人の ＿＿＿＿＿＿＿＿ 変な質問をするかもしれませんが、お許しください。

6) このたびは親善大使に任命していただき、光栄の ＿＿＿＿＿＿＿＿ でございます。

7) お話し中の ＿＿＿＿＿＿＿＿、申し訳ありません。お電話が入っているのですが……。

至り　　こととて　　ところを

まとめの問題

정답 별책 p. 12

問題1 <문법 형식 판단>

次の文の（　　）に入れるのに最もよいものを、1・2・3・4から一つ選びなさい。

1　あんなにたくさん応募はがきを書いたのに1枚も当選しないとは悔しい（　　）だ。

1　至り　　　　2　あまり　　　　3　しまつ　　　　4　限り

2　裁判官（　　）者、常に公正な立場で真実を追求することを忘れてはならない。

1　あっての　　2　たる　　　　3　ならではの　　4　なりの

3　私のデザインが大賞をいただき、（　　　）。

1　喜びにたえません　　　　　　2　喜ぶまでもありません

3　喜びのいかんです　　　　　　4　喜ばないではおきません

4　陽ざしは暖かさを増してきたが、早春の（　　）、朝夕はまだ肌寒い。

1　あまり　　　2　うえで　　　3　限りで　　　4　こととて

5　お休みの（　　）わざわざ引っ越しの手伝いに来てくれてありがとう。

1　すえに　　　2　くせに　　　3　ところを　　4　あげく

6　この入口は改修工事のため、今月末日（　　）閉鎖させていただきます。

1　をもちまして　2　によって　　3　のところを　　4　にわたって

問題2 <문장 완성>

次の文の＿★＿に入る最もよいものを、1・2・3・4から一つ選びなさい。

1　それでは、＿＿＿＿　＿＿＿＿　＿★＿　＿＿＿＿　を閉会いたします。

1　本年度の　　2　以上　　　　3　をもちまして　4　卒業式

2 年末 ＿＿＿ ＿＿＿ ★ ＿＿＿ ございますが、ご了承ください。

1 配達できない 2 のこととて 3 指定時間に 4 場合も

3 青い空と緑の木々、＿＿＿ ＿＿＿ ★ ＿＿＿ 限りだ。

1 高原で 2 迎える 3 すがすがしい 4 朝は

問題3 <글의 문법>

次の文章を読んで、 1 から 4 の中に入る最もよいものを、1・2・3・4から一つ選びなさい。

（拍手）……いやあ、いつになく出席者が多いですね……。（会場から笑い）
今日はOBの諸君も忙しい 1 、わざわざ足を運んでくれているようで、誠に嬉しい 2 です。
えー、本日、この講義 3 、本学を去ることになるわけですが、最後に、「水」というものを取り上げまして、私の35年間の締めくくりとしたいと思います。
さて、水は、私たちが生きる上で 4 、その一方で、生命を脅かすものでもあります。それでは……

1 1 こととて 2 ところ 3 というより 4 限り

2 1 しまつ 2 まま 3 どころ 4 限り

3 1 をよそに 2 を皮切りに 3 をもちまして 4 をおいて

4 1 なくてはならないものですが 2 あってはならないものですが

3 必要なこととて 4 不要なこととて

＜청해＞

この問題では、まず質問を聞いてください。そのあと、問題用紙の選択肢を読んでください。読む時間があります。それから話を聞いて、問題用紙の1から4の中から、最もよいものを一つ選んでください。

1 社員を集める

🔊 26

2 経営を安定させる

3 事業を広げる

4 社員を減らす

さすが本田君 (1)

역시 혼다 군(1)

できること

● 업무상의 화제에 대하여 비판적인 의견을 섞어 사내에서 이야기할 수 있다.

본문 해석 보기

🔊 27

部長：本田君、子どものお遣い**じゃあるまいし**、カタログだけ置いて帰ってくる奴があるか。

本田：すみません。

部長：それじゃ、商談はどうでもいいと言わ**んばかり**じゃないか。ぐずぐずしているうちにライバル社に先を越され**たらそれまで**だぞ。

本田：わかってますよ。でも……。

部長：先方から問い合わせがあったんだぞ。うちの商品の良さをわかってもらえる絶好のチャンスだった**ものを**……。

本田：はあ。でも、あちらの担当者**ときたら**、価格のことしか言わないんです。だから説明し**たところで**無駄だと思ったんですよ。

部長：相手が何を言**おうが**、気にしないで、我が社の技術をどんどん宣伝しなきゃだめじゃないか。

本田：でも、部長。「毎年新製品が出るんだから、今年は新製品でも来年は古くなる。だから1年ごとにリース料を10%ずつ安くしろ。」と言われたんです。こちらが赤字にな**ろうが**なる**まいが**、自分の会社さえよければいいんですよ。安くしてほしい**なら**ほしい**で**、納得できる条件を提示すべきですよね。

部長：う～ん、すごい担当者だな。相手**にすれば**、経費は安ければ安いほどいいわけだからなあ。仕方がない。あちらの条件を聞いてみるか。採算が取れなければあきらめる**までのことだ**が……。とにかく、次は私も同行するからな。

本田：はい。

72　子どものお遣いじゃあるまいし ★★★

どう使う？

「～じゃあるまいし(～도 아니고)」는 '～이라면 어쩔 수 없지만 ～이 아니기 때문에'라는 의미로, 상대에 대한 비판이나 의견을 말할 때 사용한다.

N ＋ じゃあるまいし　～도 아니고
　　　 ではあるまいし　～도 아니고

*「**V-る** / **V-た** / **V-ない** ＋んじゃあるまいし」「～わけじゃあるまいし」라는 표현도 있다.

① A：山田さん、コピー、終わりました。次は何をしたらいいですか。

　 B：新入社員じゃあるまいし、少しは自分で考えろよ。

② A：減るもんじゃあるまいし、貸してくれてもいいでしょう。

　 B：嫌だよ。大切なCDなんだから。

③ 南極へ行くんじゃあるまいし、そんなに厚着しなくても大丈夫だよ。

④ 留学するだけなんだから、そんなに心配しないでよ。もう一生会えないわけじゃあるまいし……。

⑤ 厳しいと言っても、社長も鬼ではあるまいし、ちゃんと話せばわかってもらえるはずだよ。

やってみよう！

정답 별책 P.5

1）ドラマじゃあるまいし、（　　　　）。

　 a．大金持ちでかっこよくて性格もいい人が現れるわけがないでしょう

　 b．この店にはかっこいい人ばかりが集まっているでしょう

　 c．アニメのほうが好きな人が多いでしょう

2）猿じゃあるまいし、（　　　　）

　 a．ペットはやっぱり犬や猫がいいよ。

　 b．そんなにバナナばかり食べて、飽きないの？

　 c．あれはたぶん子どもだろう。

3）子どもが書いたんじゃあるまいし、（　　　　）。

a．大学生にしてはレベルが高い履歴書と言えるね

b．とても立派でどこに出しても恥ずかしくない履歴書だね

c．こんな履歴書じゃどこにも採用してもらえないよ

73　言わんばかり　★★

どう使う？

「〜んばかり（당장이라도 〜할 듯이）」는「壊さんばかりにドアをたたく（당장이라도 부술 것 같이 문을 두드리다）」와 같이 '금방이라도 〜할 것 같은 모습이다'라는 의미로, 정도가 상당히 심하다고 느꼈을 때 사용한다.

V-ない ＋ **んばかり**　당장이라도 〜할 듯이, 금방이라도 〜할 것 같이

＊「する」의 경우에는「せんばかり」가 된다.

① たくさんの花をつけた山百合が、風に吹かれて折れんばかりに揺れている。

② 彼女は、今にも泣き出さんばかりの顔をして、部屋を飛び出していった。

③ 店員は、「早く帰れ」と言わんばかりに空いた皿を片付けはじめた。

④ この作品からは、画家のあふれんばかりの情熱が伝わってくる。

⑤ アクロバット飛行の飛行機が、今にも墜落せんばかりの勢いで急降下した。

①

⑤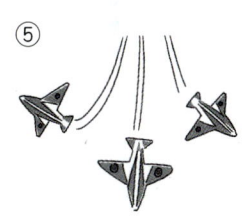

정답 별책 P.5

やってみよう！

1）うちの犬は誰か来ると、（a．噛みつか　b．散歩せ）んばかりに吠えるので、困っている。

2）最後のランナーは（a．倒れ　b．走ら）んばかりの状態でやっとゴールインした。

3）絶対に許さないと（a．思わ　b．言わ）んばかりの顔でにらんでいる。

「〜と言わんばかりに(마치 ~라는 듯)」는 「言わん」을 생략해서 「〜とばかりに」의 형태로 사용하기도 한다.

① 中田選手はチャンスに監督から呼ばれ、待ってましたとばかりに立ち上がった。

② 食べ放題なのだから食べないと損だとばかりに、皿に山ほど料理を取ってきた。

③ 商品の入れ替えで全品半額だったので、このときとばかりにたくさん買い込んだ。

👉 p.184 　〜ばかり

74 先を越されたらそれまでだ ★★

どう使う?

「〜たら/ば それまでだ(〜하면 그것으로 끝이다)」는 '만약 〜하면 지금까지의 노력이나 고생 등이 전부 소용없어진다'는 의미로 사용한다.

V-たら/ **V-ば** + それまでだ　〜하면 그것으로 끝이다

① 仕事を頑張るのもいいが、無理して病気になったらそれまでだ。

② いくら有名企業に就職しても、経営が破たんすればそれまでだ。

③ 新型の医療機器をそろえても、使いこなせる技術者がいなければそれまでだ。

④ あきらめたらそれまでだ。努力し続ければ夢は必ずかなう。

やってみよう!

정답 별책 P.5

1) 携帯電話は便利だが、バッテリーが切れればそれまでだ。

　　a. バッテリーが切れたら使えない

　　b. バッテリーが切れるまで使おう

　　c. バッテリーが切れるから無駄だ

2) 今度の大会はトーナメントなので、1回戦で負けたらそれまでだ。

　　a. 1回戦で負けたら、2回戦も負けるだろう

　　b. 1回戦で負けたら、2回戦に期待しよう

　　c. 1回戦で負けたら、2回戦には出られない

👉 p.185 　〜まで

75 絶好(ぜっこう)のチャンスだったものを ★★

どう使う?

「〜ものを(〜했을 텐데)」는 「〜のに(〜했는데)」와 비슷한 의미로, 상대의 행동에 대해 비난하거나 불만을 나타낼 때 사용한다. 「急げば間に合ったものを(서둘렀으면 늦지 않았을 텐데)」처럼 「AばBものを(A 했더라면 B 했을 텐데)」의 형태로 '앞서 어떤 행동을 하지 않았기 때문에, 기대했던 것과 다른 안 좋은 결과가 뒤따르게 되었다'라는 의미를 나타낼 때 사용한다.

PI ＋ **ものを**　〜했을 텐데, 〜했는데
[**なA** だな　**N** だな]

＊「〜ものを……。」의 형태로, 뒷부분을 생략하는 경우도 있다.

① 早く来れば空(す)いていたものを、この様子じゃチケットを買うだけで1時間はかかりそうだ。

② 散歩は朝の涼しいときにすればいいものを、暑い盛(さか)りに出て行くから、熱中症(ねっちゅうしょう)なんかになるんだよ。

③ もっと早く健康診断(しんだん)を受けていれば手術をしないですんだものを……。

④ 内緒(ないしょ)にしておけばお互いハッピーなものを、どうしてしゃべっちゃったんだよ。

やってみよう!

〜정답 별책 P.5

1) もっと早く知らせてくれればよかったものを……。

　　a. 知らせてくれたからよかった

　　b. 知らせてくれなかったので困った

　　c. 今すぐ知らせてほしい

2) すぐ謝(あやま)ればすんだものを、問題がこじれてしまったじゃないか。

　　a. すぐ謝(あやま)ってもしょうがない

　　b. すぐ謝(あやま)ってはいけない

　　c. すぐ謝(あやま)るべきだった

☞ p.185　〜もの／もん

72
〜
87

76 あちらの担当者ときたら ★★

どう使う?

「～ときたら(～로 말할 것 같으면)」는 '～는 정말 곤란하다·너무 심하다·안 된다' 등의 뉘앙스를 담아 상대방이나 생활 주변의 것에 불만을 표현할 때 사용한다.

N + **ときたら** ～로 말할 것 같으면, ～로 말하자면

① うちの子ときたら、いつもゲームばかりやっていて、声をかけても
返事もしない。

② まったくこのシャツときたら、いくつボタンがついているんだ。時
間がないのに……。

③ 最近の若い人ときたら、電車の中で床に座り込んだりして、恥ずか
しくないのかしら。

やってみよう!

정답 별책 P.5

1) あの店ときたら、　　　　・

2) 今年の夏ときたら、　　　・

3) このパソコンときたら、・

4) うちの犬ときたら、　　　・

・a) 連日最高気温が37度だの38度だの、本当
に嫌になるよね。

・b) すぐフリーズするから全然仕事にならないよ。

・c) 誰を見てもしっぽを振って、留守番の役に
も立たないんだから。

・d) 「遅い・高い・まずい」で、もう二度と行
くものか。

77 説明したところで ★★★

どう使う?

「～たところで(～한다고 해도)」는 '비록 ～해도'의 의미로, '～을 해도 소용없다, 기대한 결과는 얻을 수 없다'라고 말하고 싶을 때 사용한다.

V-た + **ところで** ～한다고 해도, ～라 하더라도

① 今から急いだところで、間に合うわけがないよ。

② 国内のコンクールで優勝したところで、海外でも通用するとは限らないさ。

③ 私が言ったところで、彼の気持ちは変わらないだろう。

④ 国のトップが変わったところで、国民の政治不信は簡単には解決できない。

やってみよう！

정답 별책 P.5

1) どんなに頼んだところで、(　　　　　)。

    a．どうせ断られるに決まっているよ

    b．やっと許可をもらうことができたんだ

    c．いつか理解してもらえるかもしれないね

2) 今から予約をキャンセルしたところで、(　　　　　)。

    a．お金は戻ってこないよ

    b．少しはお金が戻ってくるかもしれないね

    c．お金が戻ってくるに違いない

3) 地位や名誉を得たところで、(　　　　　)。

    a．財産も得られたら嬉しいよね

    b．健康を害したら何にもならないよ

    c．家族も喜んでくれるに違いないね

☞ p.181　～ところ

78　相手が何を言おうが　★★★

どう使う？

「～(よ)うが(～든지)」는 '～하더라도'의 뉘앙스를 강조하여 말할 때 사용한다. 「何年かかろうが、必ず新薬を開発します(몇 년이 걸리더라도 반드시 신약을 개발하겠습니다)」와 같이 흔들림 없는 굳은 마음이나, 「たとえ台風が上陸しようが、仕事を休むわけにはいかない(설령 태풍이 상륙한다고 해도, 일을 쉴 수는 없다)」처럼 변하지 않는 사실에 대해 말하고 싶을 때 사용한다. 의문사와 함께 쓰이는 경우가 많다.

V-よう ＋ ┌ が　～든지, ～해도
         └ と　～든지, ～해도

① どんなにひどいけがをしようが、アイスホッケーはやめられない。

② 誰が何と言おうが、一度決めたことを変えるわけにはいかないよ。

③ お前がどこへ行こうと、俺の知ったことか。勝手にしろ！

④ 医者に止められようが、たばこはやめられないよ。

⑤ 雨が降ろうが風が吹こうが、犬を散歩させないわけにはいかないんです。

やってみよう！

정답 별책 p.5

1) いくらお金を積もうが、人の心は買えるものではないよ。

    a．お金を払えば、人の心は買えるものだ。

    b．いくらお金を払えば、人の心が買えるかわからない。

    c．お金を払っても人の心は絶対に買えない。

2) 何があろうと、僕の愛は変わらない。

    a．どんなことが起こっても愛し続ける。

    b．何もなければ愛し続ける。

    c．何かあれば愛し続ける。

☞ p.186　〜よう

79　赤字になろうがなるまいが　★★★

どう使う？

「A(よ)うがAまいが(A 하든 A 하지 않든)」는 'A 해도 A 하지 않아도'라는 의미로,「田中さんが行こうが行くまいが、私は行くつもりだ(다나카 씨가 가든 말든 나는 갈 생각이다)」와 같이 외부의 영향에도 흔들림 없는 굳은 마음을 표현하거나,「信じようが信じまいが、これは本当にあった話です(믿든 안 믿든 이것은 진짜로 있었던 이야기입니다)」처럼 바꿀 수 없는 사실을 말할 때 사용한다.

V-よう + [が / と] + **V-る** + [まいが　〜하든 〜하지 않든 / まいと　〜하든 〜하지 않든]

* **V** 에는 같은 동사를 사용한다.

① 役に立とうが立つまいが、疑問に思うことを解明しようとするのが人間というものだ。

② 皆が認めようが認めまいが、宇宙人は存在すると私は信じている。

③ 警官が見ていようがいるまいが、交通ルールは守るべきだ。

④ お客が来ようと来るまいと、部屋はいつも片付けておけ。

やってみよう！

1) 聞く人がいようがいまいが、 ・

2) 責任のある地位に就こうが就く ・
　まいが、

3) 桜が咲こうが咲くまいが、 ・

4) 使おうと使うまいと、 ・

・ a) 今度の土曜はみんなで花見だ。

・ b) 水道や電気の基本料金は払わなければ
　なりません。

・ c) 彼は日曜日のたびにギターを手に駅前
　で歌い続けた。

・ d) 自分の仕事は誠意をもってやらなけれ
　ばならない。

☞ p.186　〜まい

「 **V₁-よう** ＋が／と＋ **V₂-よう** ＋が／と」「 **いA₁** ~~い~~かろう＋が／と＋ **いA₂** ~~い~~かろう
＋が／と」「 **N₁** ／ **なA₁** だろう＋が／と＋ **N₂** ／ **なA₂** だろう＋が／と」등의 형태도 같
은 의미로 사용할 수 있다.

① あの人、暇があろうがなかろうが、食後のコーヒーは欠かしたことがない
　そうですよ。

② 高かろうが安かろうが、必要なものは買わねばならない。

③ 有名店だろうとそうじゃなかろうと、この地方のそばは、とにかくおいし
　いんですよ。

☞ p.186　〜よう

80　安くしてほしいならほしいで　★★

どう使う？

「AならAでⵈ(A 하면 A 한다고ⵈ)」는 「来るなら来るで連絡してくれれば食事ぐらい用意
しておいたのに(오면 온다고 연락해 줬으면 식사 정도는 준비해 두었을 텐데)」와 같이 상대의
상황에 대해 충고하거나 불만을 표현할 때 사용하는 경우가 많다.

PI ＋ なら ＋ **PI** ＋ で　〜하면 〜한다고, 〜하면 〜하는 대로
[현재형만]　　　　　[현재형만]
[**なA** だ **N** だ][**なA** だ **N** だ]

* **PI** 에는 같은 단어를 사용한다.

① A：課長、今月いっぱいで会社を辞めさせていただきたいんですが……。

　　B：会社を辞めるなら辞めるで、今の仕事をちゃんと片付けてからにしてくれ。

② 仕事が忙しいなら忙しいで、誰^{だれ}かに手伝ってもらうとか、断るとか、何か方法を考え
　　たほうがいいですよ。

③ A：すみません。今日の飲み会、やっぱり行けなくなってしまって……。

　　B：来られないなら来られないで、早く連絡してくれればよかったのに……。もう予
　　　　約取り消しできないんだよ。

④ A：まだ結婚なんて早いと思うんだけど、無理やりお見^み合^あいさせられることになっち
　　　　ゃって……。

　　B：嫌^{いや}なら嫌^{いや}で、はっきり言えばよかったのに……。

⑤ 病気なら病気で、おとなしく寝てなきゃだめじゃない。

やってみよう！

1）新しいパソコンを買うなら買うで、（　　　　　）。

　　a．相談してくれればもっと安く買えたのに……

　　b．相談したから安く買えてよかった

2）注文を受けるなら受けるで、（　　　　　）。

　　a．相手の名前も用件^{ようけん}も忘れていました

　　b．ちゃんとその数^{かず}をメモしておかないとだめじゃないか

3）帰国するなら帰国するで、（　　　　　）。

　　a．お世話になった皆さんにきちんと挨拶^{あいさつ}してから帰りなさい

　　b．お世話になった皆さんに挨拶^{あいさつ}できてよかった

p.182　～なら

81 相手にすれば ★★

どう使う？

「〜にすれば(〜의 입장이라면)」는 '〜의 입장에서 생각하면'이라는 의미로, 다른 사람의 생각을 상상해서 말할 때 사용하는 경우가 많다.

N +
- **にすれば**　〜의 입장이라면
- **にしたら**　〜의 입장이라면
- **にしても**　〜의 입장으로서도

① おにぎりを作るのは簡単だと思うかもしれませんが、作ったことがない人にすれば、結構難しいことなんですよ。

② どんな判決が出ても、被害者にしたら、納得できるものではないだろう。

③ 人員削減は会社側にしてもメリットばかりとは言えまい。

やってみよう！

정답 별책 P.5

1) 最近ペットに服を着せるのが流行っているが、ペットにしたら　（　　　　　）。

　　a. 迷惑なのではないだろうか

　　b. 私はとてもかわいいと思う

2) 母親はよく古い雑誌やおもちゃなどを捨てろというが、子どもにすれば（　　　　　）。

　　a. 二度と手に入らない宝物なのだ

　　b. いくらで売れるか検討してみよう

3) 最近は字を書くことが少なくなったので、外国人だけでなく、日本人にしても

　　（　　　　　）。

　　a. 漢字はたくさん書いて覚えてください

　　b. 漢字を書くのは難しいんです

72〜87

Plus

～にしてみれば ★★

「 +にしてみれば(~에게 있어서는, ~의 입장이라면)」도 같은 의미로 사용된다.

① 私のような考え方は若い人にしてみれば、古いと思われるでしょう。

②「Ｒ」と「Ｌ」の発音は、英語が苦手な私にしてみれば同じ音としか思えない。

☞ p.183　～にして／にしろ／にした

82　あきらめるまでのことだ ★★

どう使う？

「～までのことだ(~하면 그만이다)」는「事業に失敗したら、またやり直すまでのことだ (사업에 실패하면 다시 시작하면 그만이다)」와 같이 '안 된다면 ~하면 되니까 그것은 큰 문제가 아니다'라는 의미로 사용한다. 무엇이든 괜찮다고 말하지만, 실은 그것을 신경 쓰고 있을 때 사용하는 경우도 많다. 또한 자기 자신에 대해 말할 때 주로 사용한다.

V-る +
- までのことだ　～하면 그만이다, ～할 뿐이다
- までだ　～하면 그만이다, ～할 뿐이다

① 地下鉄が止まっていたら、バスで行くまでのことだ。心配はいらないよ。

② ホテルが見つからなければ、ネットカフェかカラオケで一晩過ごすまでのことだ。

③ 息子も娘も継ぐ気がないなら、工場は閉めるまでだ。

やってみよう！

정답 별책 P.6

1）貸したお金を返してくれなければ、裁判に訴えるまでのことだ。
　　ａ．返してくれなくても、裁判に訴えることはない。
　　ｂ．返してくれなければ、裁判に訴えればいい。
　　ｃ．返してくれても、裁判に訴えるつもりだ。

2）壊れているなら、新しいのを買うまでだ。
　　ａ．壊れていても、買えばいいから困らない。
　　ｂ．壊れているかどうか、とても心配している。
　　ｃ．壊れているが、新しいのを買うまで我慢する。

☞ p.185　～まで

Check 📖

1

1）高橋君 ＿＿＿＿＿＿＿＿、新婚旅行先で結婚指輪をなくしちゃったんだって。

2）歴史学者 ＿＿＿＿＿＿＿＿、こんな専門的な問題が大学の受験生にわかるわけないじゃないか。

3）テレビドラマを勝手にインターネットにアップロードする人がいるが、作った側の人間 ＿＿＿＿＿＿＿＿、許しがたい行為だ。

4）消火器があっても使い方を知らなければ ＿＿＿＿＿＿＿＿。

5）道がないなら、自分で道を作る ＿＿＿＿＿＿＿＿。 　　4）

6）さっき買えばよかった ＿＿＿＿＿＿＿＿、他の店のと比べてからなんて言うから、売り切れちゃったじゃないか。

ものを　　までのことだ　　ときたら　　じゃあるまいし
それまでだ　　にすれば

2

1）周りに人が（a．いたところで　b．いようがいまいが）、傘を振り回すのは危険ですよ。

2）怒った乗客は、（a．殴りかからんばかりの勢いで　b．殴りかかるなら殴りかかるで）、駅員に詰め寄った。

3）A：話せば気が晴れるかもしれないから、話してごらんよ。

　　B：ありがとう。でも、（a．話すなら話すで　b．話したところで）悩みが解決するわけじゃないし……。

4）誰に（a．反対されようが　b．反対されんばかりで）、私の決心は変わりません。

さすが本田君 (2)
역시 혼다 군(2)

본문 해석 보기

できること

● 업무 결과를 뒤돌아보며 사내에서 동료와 이야기할 수 있다.

🔊 28

部長：悔しい**といったらない**な。たった半日の差でライバル社に契約を持ってい
かれるとは。

本田：すみません、部長。僕があのとき商品の説明をしっかりしていれば……。

部長：いや、君のせいじゃないよ。アポが取れなかったんだから、契約を取**ろう
にも**取れ**ない**じゃないか。

本田：でも、ほんとに悔しいっす※。

部長：こうなったら片っ端からパンフレットを配り**まくって**みるか。

本田：そうですね。カプテック社**にしたところで**あの条件では、そんなに儲かる
はずないですよね。毎年リース料を下げ続けるなんて。

部長：そうだよ。契約しなくて正解だったんだよ。どんな条件で契約したか知ら
ないが、仮に本当に10%ずつ下げ続けたら……。

本田：10年後はリース料ただですよ。カプテック社も馬鹿だな。はははははははは。
元気出てきた。部長、僕、次こそいい条件で契約を取っ**てみせます**よ。

部長：さすが本田君だ。立ち直りが早いね。

※ っす：一部の若い男性の話し言葉で、「です・ます」を短くした
特殊な言い方。普通形につく。

83 悔(くや)しいといったらない ★★

どう使う?

「〜といったら ない／ありゃしない(〜하기 그지 없다)」는 '말로는 할 수 없을 정도로 매우 〜하다' 라고 강조할 때 사용한다. 「ない／ありゃしない」부분은 생략하기도 한다.

いA ／ **なA** (だ) ／ **N** (だ) ／ **V-る**
いA ／ **なA** な + こと
+ といったらない／ったらない
〜하기 그지 없다

といったらありゃしない／ったらありゃしない
〜하기 그지 없다

* 동사는 감정을 나타내는 「腹が立つ(화가 나다)・疲れる(지치다)・イライラする(초조하다)」 등을 사용하며, 명사는 「喜び(기쁨)・衝撃(しょうげき)(충격)・ショック(쇼크)」 등이나 「悲惨さ(ひさん)(비참함)・忙しさ(바쁨)」 등 형용사가 명사화 된 것을 사용한다.

① 今年の夏は暑いといったらない。早く秋になってほしいよ。
② 社長の新年の挨拶(あいさつ)は、退屈(たいくつ)なことといったらないな。
③ 弟にカードゲームで負けるなんて、悔(くや)しいったらありゃしない。
④ 家の前に毎朝たばこの吸(す)い殻(がら)を捨てられて、腹が立つったらない。
⑤ A:猫が迷子(まいご)になって1週間捜(さが)し回ったんだ。やっと見つかったときの嬉(うれ)しさといったら!

　　B:ほんと、よかったね。

やってみよう!

정답 별책 P.6

1) 試合で初めて優勝したときの感動といったらなかった。
　　a. たいして感動するほどではなかった。
　　b. まったく感動できなかった。
　　c. 非常に感動した。
2) 眼下(がんか)に広がる紅葉(こうよう)の美しいことといったらないね。
　　a. 紅葉(こうよう)は美しいに決まっている。
　　b. 紅葉(こうよう)が言葉で言い表せないほど美しい。
　　c. 紅葉(こうよう)といっても美しいとは限らない。

☞ p.180 〜たら　　☞ p.181 〜といった

72
〜
87

どう使う?

「A(よ)うにもAない(A 하려고 해도 A 할 수 없다)」는 '~하고 싶지만, 어떤 사정으로 인해 할 수 없다'는 의미로 사용한다.

V-よう + **にも** + **V-できない** ～하려고 해도 ～할 수 없다

* **V** 에는 같은 동사를 사용한다.
* **V-できない** 에는 「無理だ(무리다)・不可能だ(불가능하다)」 등 '할 수 없다'의 의미를 갖는 단어를 사용하기도 한다.

① スピーチ大会での大失敗は、忘れようにも忘れられない。
② 成績が悪いので、奨学金に応募しようにも応募できない。
③ 彼女に告白しようにも、チャンスがなくてなかなかできない。
④ 真実を確かめようにも、犯人は死亡しているので不可能だ。

やってみよう!

 정답 별책 p.6

1)(a. 足が痛い   b. 立つのが嫌な)ので、立とうにも立てない。
2)(a. 友達が   b. 知らない人が)貸してくれた傘なので、返そうにも返せない。
3)(a. メールで済むことなので   b. 騒音がひどくて)、話そうにも話せる状況ではなかった。

☞ p.187　～ように

「A(よ)うにもAない」／「AにAない」

「A(よ)うにもAない(A 하고 싶어도 A 할 수 없다)」와 「AにAない(A 하고 싶어도 A 할 수 없다)」는 둘 다 사정이 있어서 A 할 수 없을 때 사용하지만, 물리적인 이유의 경우에는 「A(よ)うにもAない」를, 심리적인 이유의 경우에는 「AにAない」를 쓰는 경우가 많다.

☞ 63. 辞める**に**辞められ**ない**

① お金がないから、引っ越そうにも引っ越せない。
② 大家さんに親切にしてもらっているから、引っ越すに引っ越せない。
③ 電車が止まって、帰ろうにも帰れない。
④ 先輩が残業しているから、帰るに帰れない。

85　配りまくってみる　★

どう使う?

「～まくる(계속해서 ～해대다)」는 어떤 행동이나 동작을 깊이 생각하지 않고, 엄청난 기세로 몇 번이나 반복해서 하는 모습을 나타낸다.

V-ます ＋ **まくる**　계속해서 ～해대다

① 3時間もカラオケで歌いまくって、声が出なくなった。

② 失恋したぐらいで、やけになって食べまくる奴の気がしれないよ。

③ あいつ、車を買うって、バイトしまくってるらしいよ。

86　カプテック社にしたところで　★★

どう使う?

「～にしたところで(～라고 해도)」는 「大金持ちにしたところで悩みはある(큰 부자라 하더라도 고민은 있다)」와 같이 '보통의 것과는 다른 ～도 실은 같다'라고 말할 때 사용한다.

N ＋ 「 **にしたところで**　～라고 해도, ～라고 한들
　　　　 にしたって　～라고 해도, ～라고 한들

＊「いずれにしたところで(어찌됐든 간에)」「いずれにしたって(어쨌건)」의 형태로도 쓴다.

① 温厚な田中さんにしたところで、1時間も待たされたら、怒り出すに違いない。

② 電気自動車にしたところで、環境への負荷が全くないわけではない。

③ どんなにすばらしい小説にしたって、出版業界では売れなきゃ認められないよ。

④ 進学か就職か、いずれにしたって、自分で決めなければならない。

やってみよう!

정답 별책 P.6

1) 先ほどのご提案には反対意見を言いましたが、私にしたところで、いい解決方法が（a. ある　b. ない）わけではないんです。

2) 裁判官にしたところで、人間だ。被告に同情的になることも（a. ある　b. ない）だろう。

72
〜
87

3）人間にしたところで、自然が破壊されれば生きられないのは野生動物と（a．違う

b．変わらない）。

☞ p.183　〜にして／にしろ／にした

87　契約を取ってみせます ★

どう使う？

「〜てみせる（〜해 보이겠다）」는 '(인정받기 위해) 노력해서 〜하겠다'는 강한 의지를 나타낸다.

V-て ＋ **みせる**　〜해 보이겠다

③

① 何年かかっても父の無実を証明してみせる。
② あの頑固な教授に、私のこの研究論文を絶対に認めさせてみせる。
③ どんなにリハビリが大変でも、頑張って必ず復帰してみせます。

　　ファンの皆さん、待っていてください。
④ どんな苦労をしてでも、彼女を絶対に幸せにしてみせます。

Check 📖

정답 별책 P.6

1）新入社員は物を知らないというが、君たち ＿＿＿＿＿＿＿ 大して変わ

りはないよ。

2）佐藤さん、バーゲンセールで好きなブランドの洋服を買い

＿＿＿＿＿＿＿ んだって。

3）ネット環境がないから、調べ ＿＿＿＿＿＿＿ 調べられないんだよ。

4）A：駅の階段で転んじゃったんだって？

　　B：うん。みんなに見られて恥ずかしい ＿＿＿＿＿＿＿ よ。

5）僕たち後輩が頑張って、来年は優勝できるチームを作りあげて

＿＿＿＿＿＿＿。

| っったらありゃしない　　まくった　　にしたところで |
| みせます　　ようにも |

～ 정답 별책 p.12

問題1 <문법 형식 판단>

次の文の（　　）に入れるのに最もよいものを、1・2・3・4から一つ選びなさい。

1 いくら言い訳（　　）、失った信頼はなかなか取り戻せない。

1 したところへ **2** したところで

3 にしたところで **4** にしたら

2 いざとなったら、この土地を売って借金を返す（　　）。

1 しまつだ **2** ものを **3** といったらない **4** までだ

3 運動は健康維持に欠かせない。高齢者に限らず、若者（　　）同じことだ。

1 にすれば **2** にしたところで

3 に先立って **4** に対して

4 山桜は人が（　　）、春になれば咲くということを繰り返してきた。

1 見ようと見るまいと **2** 見るなり聞くなり

3 見れば見るほど **4** 見るやら聞くやら

5 VIPが訪れる（　　）、留学生がホームステイに来るくらいで、大騒ぎするなよ。

1 わけにはいかないのに **2** わりには

3 わけもなかったのに **4** わけじゃあるまいし

6 A：カラオケ発明した人、特許取らなかったんだって？
B：特許を取っていれば、大儲けできた（　　）。

1 ものだ **2** ものではない **3** ものを **4** ものか

7 トミーさん（　　）、勝手に冷房の設定温度を13度にしちゃうんです。クラスメートはみんな、寒がっているのに……。

1 にすれば **2** にしたところで

3 ときたら **4** といっても

| 8 | 電車の中でお年寄りが立っていても、周りの若者はそれを無視してゲームや携帯に夢中だ。嘆かわしい（　　　）。 |

1　とは言い切れない

2　というものでもない

3　といったらない

4　というに決まっている

問題2 　<문장 완성>

次の文の___★___に入る最もよいものを、1・2・3・4から一つ選びなさい。

| 1 | テレビドラマの _____ _____ __★__ _____ 、事件が解決できるわけがない。 |

1　ではあるまいし

2　刑事

3　足らずで

4　1時間

| 2 | A：就職まだ決まってないの？ またためだったらどうする気？
B：ためなら、_____ _____ __★__ _____ よ。心配しないで。 |

1　までのことだ　　2　次の　　　　3　会社を　　　　4　受ける

| 3 | 日本は食料自給率が低く、代表的な日本食の一つである
_____ _____ __★__ _____ でしかない。 |

1　程度　　　　2　20%　　　　3　にしたところで　　　4　そば

問題3 　<독해>

次の話は、新聞の「お悩み相談」に寄せられた読者の悩みです。後の問いに対する答えとして最もよいものを、1・2・3・4から一つ選びなさい。

相談者（会社員、女性、43歳）：

　弟のことで心配しています。私の弟ときたら今年40歳になるというのに、「趣味はレゴ（LEGO）」と公言しています。

　母は①「子どもじゃあるまいし、またレゴ遊び。」とあきれ、顔を見れば小言が絶えません。当の本人は、②「母さんにはわからないよ。」と言わんばかりの顔で、複雑な立体の創作に没頭し、食事の時間だろうが、深夜だろう

が、作り続けています。

　仕事は真面目にやっているようですが、姉の私としては、弟の体も心配ですし、結婚もできないのではないかと気がかりです。どうしたらよいでしょうか。

回答者（映画監督、男性、65歳）：

　レゴはすでに、弟さんの人生の一部であり、創造の源であり、明日への活力となっているのでしょう。弟さんは「レゴ・アーティスト」の道を進もうとしているのかもしれません。いずれにしても一人前の男性として弟さんを信じてあげるべきではありませんか。

1　母親はどんな気持ちで①「子どもじゃあるまいし、またレゴ遊び。」と言っているか。

　　1　子どもではないのに、ずっとレゴ遊びを続けているのは評価できる。

　　2　レゴ遊びは大人がするものではないからやめてほしい。

　　3　子どもでも大人でも夢中でレゴ遊びをするのは気がかりだ。

　　4　子どもではないから、夜遅くまで自由にレゴ遊びをしてもかまわない。

2　②「母さんにはわからないよ。」とあるが、母親に何がわからないと思っているか。

　　1　レゴの世界の魅力

　　2　レゴの作り方

　　3　今何を作っているか

　　4　姉が心配していること

3　相談者は、どんなことを一番心配しているか。

　　1　親子関係が悪化すること

　　2　レゴばかりして働かないこと

　　3　ストレスで自分が病気になること

　　4　弟の健康や将来のこと

この問題では、問題用紙に何も印刷されていません。まず文を聞いてください。それから、それに対する返事を聞いて、1から3の中から、最もよいものを一つ選んでください。

1	**1**	**2**	**3**	🔊 29

2	**1**	**2**	**3**	🔊 30

3	**1**	**2**	**3**	🔊 31

4	**1**	**2**	**3**	🔊 32

小説を読む　소설을 읽다

楽園の萌花（1）
らくえん　もえか
낙원의 모에카(1)

본문 해석 보기

できること

● 판타지 소설을 읽고, 다소 옛스러운 표현을 음미하면서 등장인물이나 관계를 이해할 수 있다.

🔊 33

何か考え込んでいる表情で萌花は先ほどから庭を行きつ戻りつしている。優斗はその様子を見るともなく見ている。

萌花は十六歳。年よりもずっと大人っぽい印象だ。この神社の娘として生まれ、町を異界のものたちから守るべく育てられてきたのだから、普通の十六歳と同じはずがない。物心ついてからというもの、修行ずくめの毎日だった。この家に生まれたばかりに、普通の子どものように遊んだこともない。それは、生まれながらに決められていたことだった。とはいえ、それを不満に思っているわけでもない。萌花にしてみれば、当たり前のことをしてきたまでのことである。厳しい修行をものともせず、母親をも超える力を身につけてきた。

優斗は十七歳、高校2年生である。赤ん坊のころに事故で両親を失い、この神社に引き取られた。今は、高校に通うかたわら、神社の掃除やら庭の手入れやらの手伝いをしている。

（つづく）

88 行きつ戻りつ

どう使う?

「AつBつ(A 하기도 하고 B 하기도 하고)」는 A와 B가 반복해서 이루어지고 있음을 나타낸다.

V₁-ます ＋ つ ＋ **V₂-ます** ＋ つ　～하기도 하고 ～하기도 하고, ～했다 ～했다

* **V₂** 에는 **V₁** 의 수동형이나 반대 의미를 나타내는 동사를 사용한다.
* 「押しつ押されつ(밀고 밀리고)・抜きつ抜かれつ(앞서거니 뒤서거니)・浮きつ沈みつ(떴다 가라앉았다)・組んずほぐれつ (치고받고)・差しつ差されつ(주거니 받거니)・持ちつ持たれつ(상부상조하는)」 등의 표현이 있다.

① 昨日のマラソンは、最後まで抜きつ抜かれつの接戦が繰り広げられた。

② 花火大会は押しつ押されつで、すごい人ごみだったが、楽しかった。

③ 川面に落ちた紅葉が浮きつ沈みつ流れて行くのを2人で見ていた。

④ ご近所同士は、持ちつ持たれつ助け合える関係を築きたいものです。

⑤ 家電各社は追いつ追われつの技術競争を繰り広げて発展してきた。

89 見るともなく ★★★

どう使う?

「～ともなく(그냥 멍하니 ～하다)」는 '확실하게 의식하지 않고 ～하다, 목적을 갖지 않고 ～하다' 라는 의미로 사용한다.

V-る ＋ ともなく　그냥 멍하니, 문득, 생각없이

* 「見る(보다)・聞く(듣다)・考える(생각하다)」 등의 단어와 함께 사용한다.
* 앞뒤에 같은 동사나 비슷한 의미의 동사를 쓰는 경우가 많다.

① 窓の外を見るともなく見ていたら、猫がかわいい子猫を連れて歩いてきた。

② 聞くともなくラジオを聞いていたら、故郷の町の名前が出てきて驚いた。

③ 将来について考えるともなく考えていたところに、知人から転職の誘いを受けた。

やってみよう!

정답 별책 P.6

1) 電車の中で、隣の人の会話を ＿＿＿＿＿＿ ともなく ＿＿＿＿＿＿ いたら、私の 好きな歌手の話だった。

2) 空を ＿＿＿＿＿＿ ともなく ＿＿＿＿＿＿ いると、遠くから金色に光る物体がゆっ くりと近づいてきた。

3）授業中、ノートの端に落書きを ＿＿＿＿＿ ともなく ＿＿＿＿＿ いたら、先生に叱られた。

4）夜中に目が覚めてしまい、音楽を聞きながら夜が明けるのを ＿＿＿＿＿ ともなく ＿＿＿＿＿ いた。

2）

| する　　聞く　　見る　　待つ |

「疑問詞（＋조사＋ V ）＋ともなく」는 '확실히는 모르겠지만'이라는 의미로 사용한다.

① 夕方の商店街を歩くと、どこからともなくおいしそうな匂いが漂ってくる。

② すべての演奏が終了した後も、観客の拍手はいつ終わるともなく続いていた。

③ 課長は誰に言うともなく、ぶつぶつ何かつぶやいている。

90　町を異界のものたちから守るべく　★★

どう使う？

「〜べく…(〜하기 위해…)」는 「優勝すべく練習を重ねた(우승하기 위해 연습을 거듭했다)」와 같이 '어떤 목적을 가지고 그렇게 한다'는 의미로 사용한다.

V-る ＋ べく　〜하기 위해, 〜하려고

＊「する」는「するべく」「すべく」둘 다 사용된다.

① 留学経験を生かして、独自のビジネスを立ち上げるべく、準備を進めている。

② 島の生活環境を改善するべく、島民はさまざまな取り組みをしている。

③ 今年こそロケットを完成させるべく、研究者たちは努力を続けている。

④ 自転車による事故を減らすべく、広報活動を強化することになった。

88
〜
106

やってみよう！

1）地震発生を一刻も早く知らせる・
べく、

2）今年こそは、志望校に合格する・
べく、

3）交番は地域住民の安全を守るべく、・

4）妻の出産に立ち会うべく、　　・

・a）多くのメディアが速報を流した。

・b）タクシーで病院へ向かった。

・c）苦手な数学を克服するつもりだ。

・d）駅前などに配置されている。

👉 p.184　〜べき／べく／べからず

91　物心ついてからというもの　★★★

どう使う？

「〜てからというもの(〜하고부터는)」는 '〜을 계기로 계속'이라는 뜻으로, 커다란 변화가 계속 이어지고 있음을 서술할 때 사용한다.

V-て + からというもの　〜하고부터는

＊「それからというもの(그 이후, 그 뒤로)」라는 형태로도 쓴다.

① 結婚してからというもの、彼は仕事が終わるとまっすぐ家に帰るようになった。

② その歌を聞いてからというもの、メロディーが頭から離れない。

③ 大型スーパーができてからというもの、駅前の商店街は売り上げが30％以上減ってしまったという。

④ 兄は去年就職した。それからというもの、家で家族と食事をする暇もなくなった。

やってみよう！

1）12月に入ってからというもの、（a．連日厳しい寒さが続いている　b．旅行に行ったほうがいい）。

2）私は事故を起こしてからというもの、（a．酒は一滴も飲んでいない　b．警察に捕まった）んです。

3）幽霊を見てからというもの、（a．とても恐ろしかった　b．1人でトイレに行けなくなった）。

3）

4) 妻を亡くしてからというもの、彼は（a．めっきり老けこんで　b．すぐ再婚して）

　　しまった。

☞ p.180　〜てから

「　N　＋というもの（〜동안）」는 '그 기간 중 계속'이라는 의미로 사용한다.　★★

① この1週間というもの、カップラーメン以外のものを口にしていない。

② ここ数年間というもの、毎月のように海外出張させられている。

☞ p.185　〜もの／もん

92　生まれながらに　★★

どう使う？

「〜ながら（に）（〜하면서부터）」는 '〜의 상태대로, 〜때부터 변함없이'라는 의미로 사용한다.

$$\left.\begin{array}{l}\text{V-ます}\\ \text{N}\end{array}\right] + \left[\begin{array}{l}\text{ながら（に）　〜하면서부터}\\ \text{ながらの ＋ N　〜의 상태 그대로}\end{array}\right.$$

＊ 「いる(있다)・生きる(살다)・生まれる(태어나다)・昔(옛날)・涙(눈물)・いつも(항상)」 등 특정 단어와 함께 쓰는 경우가 많다.

① 仏陀は生まれながらに非凡な才能を発揮したそうである。

② ゲーム機しか知らない子どもたちにも、昔ながらの遊びを伝えたい。

③ 彼の手品はいつもながら、期待を裏切らない見事なものだった。

④ 昔、地位の高い人が亡くなると、お供の人を墓の周りに生きながら埋

　　めるという習慣があったそうだ。

①

やってみよう！

∧ 정답 별책 p.6

1) 涙ながらに戦争体験を語る老人の姿は、多くの人々の心を打った。

　　a．涙を流して　　　　　b．泣きそうになって　　　　c．涙なしに

2) この店では、昔ながらの製法で作られたお菓子を売っている。

　　a．昔よりいい　　　　　b．昔はなかった　　　　　　c．昔と変わらない

3) オンデマンド講座は、自宅にいながら自分のペースで学習できるシステムだ。

　　a．自宅にいないから　　b．自宅にいてもいなくても　c．自宅にいて

☞ p.182　〜ながら

93　当たり前のことをしてきたまでのことである

どう使う?

「～たまでのことだ(～했을 뿐이다)」는 '～한 것에 다른 의미는 없다'라는 의미를 나타낸다. 좋은 일을 해서 감사하다는 말을 들었을 때 등의 답변으로 사용할 때는 겸손의 의미가 포함된다.

V-た ＋ ┌ までのことだ　～했을 뿐이다
　　　　 └ までだ　～했을 뿐이다

① 私が内部告発したのは、自らの良心に従ったまでのことです。

② A：助けていただき、ありがとうございました。

　 B：いやいや、医者として当然のことをしたまでです。

③ 聞かれたから答えたまでで、別に深い意味はないよ。

☞ p.185　～まで

94　厳しい修行をものともせず ★★

どう使う?

「～をものともせず(～에 굴하지 않고)」는 '곤란한 일이 있어도 그 역경을 대수롭지 않게 생각하고 힘껏 앞으로 나아가다'라는 의미로 사용한다. 보통 자신의 행동에는 사용하지 않는다.

N ＋ をものともせず(に)　～에 굴하지 않고, ～에 아랑곳하지 않고

① 激流をものともせず、彼はカヌーで川を下っていった。

② 子どもたちは、連日の暑さをものともせず、元気に遊びまわっている。

③ 度重なる故障をものともせず、惑星探査機はやぶさは地球に帰還した。

④ 鈴木選手は初出場のプレッシャーをものともせず、オリンピックで金メダルを獲得した。

やってみよう！

1）登山隊は、悪天候をものともせず、ついに登頂に成功した。

    a．悪天候に負けないで

    b．悪天候だからこそ

    c．悪天候であってもなくても

2）砂漠の過酷な環境やマシントラブルをものともせず、彼らは1万2千kmを走りぬいた。

    a．一切問題がなく

    b．さまざまな問題があったが

    c．問題があるかもしれないが

95　高校に通うかたわら　★★★

どう使う？

「Aかたわら B（A 하는 한편으로 B）」는 'A를 하면서 다른 일 B도 하고 있다'는 것을 나타내는 표현이다.

V-る
N + の ┐ + かたわら　〜하는 한편으로

① 友人は予備校で数学を教えるかたわら、小説を書いている。

② 彼は会社を経営するかたわら、スポーツの振興にも力を注いでいる。

③ 陶芸家の田中さんは作品作りのかたわら、自宅で野菜を作って自給自足の生活をしているそうだ。

④ 最近は育児のかたわら、インターネットでビジネスをする女性が増えている。

③

88
〜
106

정답 별책 P.6

1）この動物園は動物を飼育して展・
　示するかたわら、

2）社会人野球の選手達は会社員・
　として働くかたわら、

3）橋本さんは靴屋を営むかたわら、・

4）この果樹園はりんご栽培のかた・
　わら、

・ a）商工会議所の議長として活躍している。

・ b）ジャムなどの製造販売もしている。

・ c）繁殖にも力を入れている。

・ d）日々、練習に励んでいる。

Check 📖

정답 별책 P.6

1

1）次々に襲ってくる敵の兵士＿＿＿＿＿＿＿、
彼はお姫様を救い出した。

1）

2）弊社は、今後もお客様の安全を守る
＿＿＿＿＿＿＿＿、最大限の努力を行ってまいり
ます。

3）西山さんは各国の食文化を調査する＿＿＿＿＿＿＿、食にまつわるエッ
セーも執筆されています。

4）車内の広告を見る＿＿＿＿＿＿＿見ているうちに、うっかり乗り過ご
してしまった。

| ともなく　　べく　　かたわら　　をものともせず |

2

1）ラスト10分間、（a．追いつ追われつの　b．追いながらに）息詰まるカー
チェイスは見逃せない！

2）一人暮らしの祖母は、犬を（a．飼い始めてからというもの　b．飼いつ飼
われつの）、毎日が楽しくてしかたがないと言う。

3）基本的人権とは、人間が人間として（a．生まれるともなく　b．生まれな
がらに）持っている権利のことです。

4）警察官としての責任を（a．果たしたまでのことで　b．果たしてからとい
うもの）表彰されるようなことではありません。

88
〜
106

8 楽園の萌花（2）
낙원의 모에카(2)

できること

● 판타지 소설을 읽고, 다소 옛스러운 표현을 음미하면서 사건의 경위를 따라 등장인물의 심정을 이해할 수 있다.

본문 해석 보기

🔊 34

萌花の今日の表情には理由がある。昨夜の小鬼が残した謎めいた言葉だ。小鬼が現れる**や否や**、萌花は懐から短い刀を出した。この神社に伝わる宝の一つだ。そのギラリとした光を見ただけで恐れて逃げ出すのが普通である。この小鬼も慌てて逃げ出すかと思いきや、じっと萌花の目を見ると、声を出さずに伝えた。

「楽園を創**らんがため**、あのお方がお姿を現される。待て。」と。

小鬼の体は薄紙**のごとく**透け始めた。あのお方とは誰か、楽園とは何か、それになぜ自分にそれを伝えるのか、すべての質問に答えることなく、小鬼は黒い空に溶け込み、姿を消した。

暗くなっていた空が、**一瞬にして**満月の明るさを取り戻した。

— 中略 —

戦いは終わった。萌花は倒れている優斗のそばに腰を下ろした。今回の戦いで優斗がいなかったら、町は、いや日本はどうなっていたか。考える**だに**恐ろしいことだ。優斗はもうしばらくすれば目を覚ますだろう。しかし、自分が戦いの結果を左右したことは覚えているまい。萌花も優斗がそのような力を持っているとは想像**だにしな**かった。優斗に力のことを伝えるかどうか、萌花はまだ決めかねている。それを伝えれば、優斗もまた今日**を限り**に普通の高校生の生活には戻れない。

「まあいい。今は少し休もう。」萌花は考えるのをやめ、静かに目を閉じた。

（完）

96 謎めいた言葉 ★★

どう使う？

「〜めく（〜같다）」는 「だんだん春めいてきた（점점 봄다워졌다）」와 같이 '조금씩 〜같아진다'라는 의미로 사용한다.

N + ┌ めく　〜같다, 〜답다
　　　└ めいた + N　〜같은, 〜다운

① 風も涼しくなり、徐々に秋めいてまいりましたが、いかがお過ごしでしょうか。
② 冗談めいた口調だったが、「10年後は俺が社長かもね」と言った彼の目は真剣そのものだった。
③ 彼は上司のせいで苦労したが、非難めいたことは一言も言わず、黙々と働いていた。
④ 歴史上の人物の生涯には、とかく作り話めいた美談が存在しているものだ。

やってみよう！

정답 별책 p.7

1）東京もいよいよ ＿＿＿＿＿＿ めいてきて、桜の開花が待ち遠しくなりました。

2）モナリザの ＿＿＿＿＿＿ めいた微笑は時代を超えて人々を魅了し続けている。

2）

3）社長の口から出たのは、＿＿＿＿＿＿ めいた言葉だけで、被害者への謝罪の言葉は一言もなかった。

4）不正を暴いたジャーナリストに対して、「交通事故に気をつけろ」といった ＿＿＿＿＿＿ めいた電話が毎日かかってくる。

謎　言い訳　春　脅迫

97 小鬼が現れるや否や ★★

どう使う？

「～や否や（～하자마자）」는「～とすぐ（～해서 바로）/～たとたん（～하자마자）」와 같은 의미로, '앞서 어떤 일이 일어난 직후에 무언가 일어났'라고 말할 때 사용한다.

V-る ＋ [や否や　～하자마자
　　　　 や　　～하자마자

① 電話を切るや否や、刑事は部屋を飛び出して事件現場に向かった。
② 人気グループのコンサートチケットは発売されるや否や、あっという間に完売となってしまった。
③ 優勝の瞬間、大川選手は「やった！」と叫ぶや、コーチの元へ駆け寄った。

やってみよう！

정답 별책 p.7

1）空港のロビーに彼が現れるや否や、何十人もの女性ファンが（a. 歓声を上げた　b. 待っていた）。
2）そのワインを一口飲むや否や、（a. とてもおいしかった　b. 山野氏はばったり倒れた）。
3）スーツケースの札束を見るや、（a. 偽札だったらしい　b. 男の目の色が変わった）。
3）

4）彼女が歌い終わるや否や、（a. 観客は総立ちになった　b. 早くサインをもらいに行こう）。

98 小鬼ごとき ★★

どう使う？

「～ごとき（～같은）」는「お菓子ごときで兄弟げんかするな（과자 같은 걸로 형제끼리 싸우지 마）」와 같이 앞서 언급한 대상을 '～따위'라고 낮잡아 부를 때 사용한다. 「私ごとき（저 같은 사람）」와 같이 스스로를 겸손하게 표현할 때 사용하기도 한다.

N ＋ ごとき　～같은, ～따위

① 我が社には優れた技術があるんだから、不況ごときに負けないで頑張ろう。

② あいつごときが何を言ってきたって、私たちがついているから恐れる必要はないよ。

③ 私ごときにこのような大役をお任せいただき、大変光栄です。

정답 별책 P.7

やってみよう！

1）こんな問題ごとき、（a．小学生でも解ける　b．小学生では解けない）。

2）アリごときに、高い殺虫剤を使うのは（a．当たり前だ　b．もったいない）と思う。

3）風邪ごときで、大切な試合を休む（a．のはやむを得ない　b．わけにはいかない）。

4）ラーメンごときに1時間も並ぶなんて（a．理解できない　b．当然だ）と彼は言った。

99　慌てて逃げ出すかと思いきや　★★

どう使う？

「～かと思いきや（～이라고 생각했는데）」는 '～라고 생각하고 있었는데 뜻밖에도 예상했던 것과 달라 의외다'라고 말할 때 사용한다.

PI ＋ かと思いきや　～이라고 생각했는데
[**なA** だ　**N** だ]

＊「か」가 없는 형태도 자주 사용한다. 그 경우에는「**なA** (だ)／ **N** (だ)と思いきや」가 된다.

① なかなか連絡が来ないので落ちたかと思いきや、今日になって合格通知が届いた。

② アルバイトの人かと思いきや、社長自ら掃除していたので驚いた。

③ 住宅街のマンションだから静かだと思いきや、遅くまで人通りが多くてうるさかった。

④ 家を建ててやっと落ち着けると思いきや、海外へ転勤することになってしまった。

⑤ 年末の忙しい時期だから欠席者が多いと思いきや、全員そろっていたので驚きました。

やってみよう！

정답 별책 P.7

1）全部の問題を解き終わったと思いきや、終了5分前に（a．提出して帰ってしまった

　　b．問題の続きがもう1ページあるのに気付いた）。

2）（a．子どもがおいしそうに飲んでいる　b．大人が先を争って飲んでいる）ので、

　　ジュースだと思いきや、なんと酒だった。

３）被害者だと思いきや、（a．実は彼女が犯人だった　b．みんな彼女に同情した）。

☞ p.181 〜と思う

100　楽園を創らんがため　 ★

どう使う？

「〜んがため(〜하기 위해)」는 특별한 목적을 위해 무언가를 한다고 말할 때 사용한다.

V-ない ＋ ┌ **んがため**　〜하기 위해
　　　　　　　└ **んがための** ＋ **N**　〜하기 위한

＊「する」는「せんがため」가 된다.

① 国民の生命を守らんがため、彼は敢えて危険を伴う任務を引き受けた。
② 売らんがためとはいえ、安全性を無視して価格を下げるやり方は
　　問題だ。
③ 全宇宙を征服せんがため、彼は大宇宙船団を率いて飛び立った。
④「うそも方便」と言うが、人を救わんがためのうそは許されると、
　　私は思う。

101　薄紙のごとく　★★

どう使う？

「〜のごとく(〜인 것처럼)」는「〜のように(〜와 같이)」와 같은 의미로, 「風のごとく走り去った(바람처럼 달려갔다)」와 같이 비유하거나,「下記のごとく決定した(아래와 같이 결정했다)」처럼 예를 들어 말할 때 사용한다.

N ＋ の ＋ ごとく　〜한 것처럼, 〜과 같이

＊「**N**のごとし」「**N**のごとき**N**」의 형태도 있다.

① スターとして華々しく活躍する彼女のそばには、いつも影のごとく寄り添う母の姿が
　　あった。
② 宝くじで大金を手に入れたが、湯水のごとく使い続け、1年後には元の貧乏生活に戻っ
　　てしまった。
③ 兄弟に残された遺書には次のごとく記されていた。

④ 北里氏は鉄のごとき信念をもって新薬開発に取り組んでいる。

⑤ Ａ：日本へ来てから何年経ったっけ。

　　Ｂ：もう５年だよ。光陰矢のごとしだね。

「**PI**（＋が／かの）＋ごとく（마치 ~인 것처럼/마치 ~하는 듯이）」의 형태로도 사용한다.

＊「**なA** だ／ **N** だ である」가 된다.

① その侍は草を薙ぎ払うがごとく押し寄せる敵を倒し続けた。

② 風に吹かれて舞うごとく、桜の花が散っている。

③「明日死ぬかのごとく生き、永遠に生きるかのごとく学べ」とは、ガンジーの有名な言葉である。

④ 社長の息子は自分が社長であるかのごとく威張っているので、みんなに嫌われている。

⑤ 彼は怖いものなど何もないかのごとく振る舞っているが、実はかなりの小心者だ。

정답 별책 P.7

やってみよう！

1）彼女は昨年彗星のごとく現れ、・

2）老いて後も健康に暮らし、安らかに眠るがごとく

3）その黒い人影は忍者のごとく　・

4）騒ぎの後、人々は何事もなかったかのごとく

・a）一生を終えることこそ、幸福だと言えよう。

・b）わずか１年で世界中の多くのファンを魅了する大スターとなった。

・c）平然と食事を続けた。

・d）足音も立てずに塀を越えて闇の中に消えていった。

88〜106

102　一瞬にして　

どう使う？

「〜にして（〜에, 〜이 되어서）」는 상황이나 상태, 모습 등을 강조하여 나타낼 때 사용한다.

N ＋ **にして**　〜에, 〜이 되어서, 〜하게도

① 砂に描いた絵は、強風により、一瞬にして消え去った。

② 志半ばにして病に倒れた画家は、どれほど無念だったであろう。

③ 40歳を「不惑」というが、これは孔子の「四十にして惑わず」という言葉が元になっている。

④ 妹は交通事故に遭ったが、幸いにして軽いけがだったので入院せずにすんだ。

☞ p.183 〜にして／にしろ／にした

103　考えるだに恐ろしい ★

どう使う?

「〜だに(〜만이라도)」는 '직접 체험하지 않아도 〜만으로도 충분하다'라는 의미로, 부정적인 기분이나 망설임을 나타낼 때 사용한다.

V-る ＋ **だに**　〜만이라도, 〜조차

＊「考える(생각하다)・思い出す(떠올리다)・聞く(듣다)・見る(보다)・口にする(말하다)」등의 단어와 함께 사용한다.

① あんな高いところから飛び降りるなんて、想像するだに
恐ろしい。

② 卒業試験のことは、考えるだに気が重くなる。

③ その山寺は、見るだに不気味な雰囲気に包まれていた。

104　想像だにしなかった ★

どう使う?

「〜だにしない(〜조차 하지 않다)」는 '전혀 〜하지 않다'라는 의미를 나타낸다.

N ＋ **だにしない**　〜조차 하지 않다, 전혀 〜하지 않다

＊「想像(상상)・予想(예상)・微動(미동)・一顧(일고, 한번 돌아봄)」등 한정된 단어와 함께 사용한다.

① 予想だにしなかったコンピューターのシステム障害が発生し、担当者は対応に追われた。

② 私はいい企画だと思ったが、社内では一顧だにされなかった。

③ エネルギーの消費を抑えるために何時間も微動だにしない動物もいる。　③

④ 古代エジプトの王は、自分の体が数千年後に博物館に展示される

　　とは、想像だにしなかっただろう。

105　決めかねている　★★★

どう使う？

「〜かねる（〜하기 어렵다）」는 ‘〜하고 싶은 마음은 있지만 다른 사정이 있거나, 심리적으로 거부감이 들어 할 수 없다’라는 의미로 사용한다. 할 수 없다는 것을 확실히 표현하고 싶지 않을 때 사용하는 경우가 많다.

> **V-ます** ＋ **かねる**　〜하기 어렵다, 〜할 수 없다

① 社長が出した方針は部分的に賛成しかねる内容を含んでいたが、反対するわけにもいかず、黙っていた。

② 私の一存ではお答えいたしかねますので、店長を呼んでまいります。

③ どうして君が仕事をやめたいと言いだしたのか、理解しかねるんだけどね。

④ 雪深いこの里では皆が春の訪れを待ちかねている※。　

> ※ 待ちかねる：‘학수고대하다’라는 의미이다.

⑤ 1人で山のような仕事を抱えている私を見るに見かねて※、同僚が手伝ってくれた。

> ※ 見かねる：‘(차마) 볼 수 없다’라는 의미이다.

やってみよう！

〜정답 별책 P.7

1）この料理は値段に相応しい味とは言いかねる。

　　a．おいしいとは言えない　　b．おいしいと言える

2）両親と自分の希望が違うために、どの大学を受験するか決めかねている。

　　a．考えるおそれがある　　b．まだ考えているところだ

3）A：俳優の松坂さんとの結婚はどうなっているんですか。

　　B：本日は新作映画の試写会ですので、個人的な質問にはお答えしかねます。

　　a．答えなければなりません　　b．答えることができません

4）そのような意見には、とうてい同意しかねます。

　　a．とても同意できるような意見ではない。　　b．大いに同意すべき意見である。

☞ p.178 〜かねない／かねる

106 今日を限りに ★★

どう使う？

「〜を限りに(〜을 끝으로)」는 '〜을 마지막으로 계속 하고 있던 것이 끝나다'라는 의미로 사용한다. 무언가를 결심하거나 유감스럽게 생각하고 있을 때 사용하는 경우가 많다.

N +
┌ を限りに　〜을 끝으로, 〜을 마지막으로
└ 限りで　〜을 끝으로, 〜을 마지막으로

＊「今日(오늘)・今月(이번 달)・今年(올해)」등과 같은 단어와 함께 사용한다.

① 「今日を限りにギャンブルはやめる」と、彼は今年だけでも３回は言った。

② 明日を限りに離れ離れになる２人は夜を徹して語り明かした。

③ 山田選手、「今シーズン限りで引退」と、突然の発表。

やってみよう！

정답 별책 P.7

1）長年通ったこの学校とも今日を限りにお別れです。

　　ａ．明日も学校へ行く。

　　ｂ．明日からは学校へ行かない。

2）彼女への想いは今日を限りにきれいさっぱり捨ててしまおう。

　　ａ．今までずっと彼女への想いを心に抱いていた。

　　ｂ．彼女への想いは今日芽生えたばかりだ。

3）当動物園は、今年限りで閉園することになりました。

　　ａ．今年は見られない。

　　ｂ．来年から見られない。

☞ p.183 〜に限る／限り

Check 📖

정답 별책 P.7

1) 動物園が開門する ＿＿＿＿＿＿、子どもたちは一直線にパンダの檻に
向かって駆けだした。

2) 最後まで権力に屈せず、信念を貫いた彼女の生き方は、まさに炎の
＿＿＿＿＿＿ 一生だった。

3) お笑い芸人の彼は、普段も明るい ＿＿＿＿＿＿、会ってみると意外に
無口な人物だった。

4) 貧困にあえぐ多くの国民を一顧 ＿＿＿＿＿＿ 贅沢な生活を送ってい
る支配者もいた。

5) 昔は聞く ＿＿＿＿＿＿ 恐ろしい刑罰が実際に行われていたそうだ。

だに　　と思いきや　　ごとき　　や否や　　だにせず

6) 今年度 ＿＿＿＿＿＿、本学部は学生募集を停止し、来年度より経済学
部に統合されることになりました。

7) Ａ氏は、有権者の支持を得 ＿＿＿＿＿＿、無理な公約を掲げていると
批判された。

8) 都会の片隅にたたずむ１軒の何やら秘密 ＿＿＿＿＿＿ バー。ここが
小説の舞台だ。

9) 夏の暑さ ＿＿＿＿＿＿ 負けてたまるかと
ばかりに、セミは鳴き続けた。

10) ここで値上げに踏み切るべきかどうか、私には判
断がつき ＿＿＿＿＿＿ 問題です。

かねる　　めいた　　んがため　　ごときに　　を限りに

まとめの問題

정답 별책 p.13

問題1 <문법 형식 판단>

次の文の（　　）に入れるのに最もよいものを、1・2・3・4から一つ選びなさい。

1 友人が会社をクビになったというから、さぞかし金に困っているだろう（　　）、毎日外車を乗り回して遊んでいるというのだ。

1 といえども　　　2 とはいえ　　　3 というものの　　　4 と思いきや

2 大統領の熱のこもった演説が終わる（　　）、会場は割れんばかりの拍手(はくしゅ)と歓(かん)声(せい)に包まれました。

1 や否(いな)や　　　2 かたわら　　　3 そばから　　　4 とあって

3 これは、差別や貧困(ひんこん)（　　）、一代(いちだい)で国際的な実業家(じつぎょうか)となった男の生涯(しょうがい)を描(えが)いたドキュメンタリーである。

1 を問わず　　　　　　　　2 を皮(かわ)切(き)りにして

3 をものともせず　　　　　4 をもとにして

4 この神社の境内(けいだい)は、桜(さくら)の名所(めいしょ)として知られる（　　）、梅雨(つゆ)の季節にはあじさいの花も楽しめます。

1 かたがた　　　2 一方　　　3 かたわら　　　4 限り

5 熱心に講義(こうぎ)を続ける教授の耳に、（　　）からともなく静かな寝息(ねいき)が聞こえてきた。

1 後ろ　　　2 何　　　3 外　　　4 どこ

6 突然契約(けいやく)を結ぼうと言ってくるなんて、私には先方(せんぽう)の真意(しんい)がはかり（　　）んです。

1 かねない　　　2 かねる　　　3 得(う)る　　　4 っぽい

7	この薬を飲むようになってからというもの、（　　　）んですよ。

1 ずっと体調がいい　　　　　　　**2** 突然倒れた

3 前と体調が変わらない　　　　　**4** すぐに退院した

8	約束の時間に遅れて、「おそよう」なんて皮肉（ひにく）（　　　）ことを言われた。

1 らしい　　　**2** 気味（ぎみ）な　　　**3** 次第（しだい）の　　　**4** めいた

問題2　<문장 완성>

次の文の　★　に入る最もよいものを、1・2・3・4から一つ選びなさい。

1	日本の労働者の多くが、周囲に配慮（はいりょ）するあまり、

_____ _____ ★ _____ と考えてしまう。

1 休めない　　　**2** 頭痛　　　**3** たかが　　　**4** ごときで

2	これからも、皆様の　_____ _____ ★ _____ 努めてまいります。

1 べく　　　　　　　　　　**2** 沿（そ）う

3 ご期待に　　　　　　　　**4** サービス向上（こうじょう）に

3	これだけ精巧（せいこう）にできていると、_____ _____ ★ _____ のではないでしょうか。

1 本物か　　　**2** つきかねる　　　**3** どちらが　　　**4** 判断が

問題3　<독해>

次の文章を読んで、後の問いに対する答えとして最もよいものを、1・2・3・4から一つ選びなさい。

> 「高校の講師の口があるんだけど、どうかね。」
> 　俺（おれ）が、先輩（せんぱい）の半年間をかけた実験データを誤（あやま）って消してしまってからというもの、気まずくなっていた研究室の空気を察（さっ）した教授が、声をかけてくれた。
> 　教師なんて、もともと人前（ひとまえ）でしゃべるのが苦手（にがて）な俺（おれ）が、絶対に避けたかった職業だ。しかし、世話になった教授にそんな理由はさすがに言いかねた。それに、

親元からの送金がなくなり、研究のかたわらバイトすれば何とかなるだろうという見通しは甘く、食わんがためには、やむを得ない選択だった。

俺は、腹をくくった。高校生ごときになめられるものか……。

深呼吸して「1−A」のドアを開けた。

ざわついていた空気が一瞬で静まり、「起立」という声とともにガタガタと椅子の音が響き、教室中の紺色の制服が立ちあがった。

教卓に進む俺に向かって一斉に注がれる40の視線。こっちを見ながら、何やらささやきあっているやつらもいる。

「礼」

形式的な挨拶が終わり、全員が着席すると同時に、後ろのドアがガラッと開き、ヘルメットを抱えたやつが1人入って来た。俺と目が合うなり、そいつが口を開いた。

「ね、誰？」

さっきどこからともなく響いていたバイクの音は、こいつだったのか。

---

1 「俺」が教師になったのはなぜか。

1 高校生が好きだから **2** 研究室が嫌になったから

3 生活が苦しかったから **4** 先輩にお世話になっているから

2 クラスの生徒たちの「俺」に対する態度として最も適当なものは何か。

1 尊敬 **2** 興味 **3** 親切 **4** 無関心

問題4 <청해>

1 まず話を聞いてください。それから、二つの質問を聞いて、それぞれ問題用紙の1から4の中から、最もよいものを一つ選んでください。

1
1 すしを食べたい人が多いから 🔊 35
2 フランス語に自信があるから
3 テレビの番組で紹介されたから
4 料理の勉強ができるから

2
1 大学と専門学校の勉強の両立が難しいこと
2 生の魚が調理できないこと
3 勉強の期間が短いこと
4 フランス語ができないこと

2 この問題では、問題用紙に何も印刷されていません。まず文を聞いてください。それから、それに対する返事を聞いて、1から3の中から、最もよいものを一つ選んでください。

1   1   2   3 🔊 36

2   1   2   3 🔊 37

⑨ トリアージ
트리아지

본문 해석 보기

🔊 38

できること

● 다소 전문적인 설명을 듣고, 그 내용이나 발화자의 의견을 이해할 수 있다.

司会者：本日は「トリアージ」について、救命救急がご専門の医師の森先生にお話を伺います。森先生、よろしくお願いします。

森：森です。「トリアージ」と言いますのは、患者の治療について優先順位を決めることです。例えば、大きな災害や事故で多数のけが人が出たとしましょう。病院は１か所、対応できる医者が２人しかいないとしたら、どんな治療ができるでしょうか。医療設備やスタッフの数からして、対応に限界があるでしょう。100人**からいる**けが人の中には、**命にかかわる**重傷者もいます。このような緊急時**にあって**、医師は速やかな決断を迫られます。

まず専門家が、一目でわかるように、けが人に色分けされたタグを付けていきます。タグの赤色は、一刻も早い処置が必要で救命の可能性がある者。黄色は、今すぐ命にかかわるほどのけがではないが、早い処置が必要な者。緑色は、軽傷者で救急に搬送の必要のない者。

そして、黒色のタグは、すでに死亡が認められたか、あるいは今この段階では救命が不可能な者という分け方です。

司会者：う～ん、確かに必要な判断だとはいえ、もし目の前で黒のタグを付けられたとしたら、そのけが人の家族は頭では理解しつつも、あきらめきれないのではないでしょうか。

森：確かに、見**ようによっては**非情な行為かもしれません。ですが、このような緊急時には、助けられる命を優先するのが最も良い方法なのです。

司会者：医療現場で究極の選択が必要になるということですね。私たちも冷静に受け止めなければならないことがよくわかりました。

107 100人からいるけが人

★

どう使う？

「～からいる（～이나 되는）」는 보통보다 훨씬 많다는 것을 나타낸다.「～からある・～からの」도 같은 의미로 사용한다.

수량 ＋ 조수사 ＋ [からいる / からある / からの] ＋ Ｎ　～이나 되는

① 災害時、3,000人からいる観客を、安全に退出させるには人手が足りない。

② 小さな子どもが、10kgからある旅行かばんを一生懸命運ぼうとしている。

③ 人気歌手が来日するとあって、空港には1,000人からのファンがつめかけた。

「～からする（～이나 하는）」는 가격이 매우 비싸다는 것을 나타낸다.「～からの」도 같은 의미로 사용한다.

① 2,000万円からする宝石が何者かに盗まれて、大騒ぎになっている。

② この切手は発行枚数が少なかったこともあり、今では1枚50万円からの値がついているそうだ。

③ 伊藤氏は、個人で1億円からの寄付を申し出た。

☞ p.178　～から

108　命にかかわる　★★★

どう使う?

「〜にかかわる(〜에 관계되는)」는 「命にかかわるけが(생명에 직결되는 부상)」와 같이 '〜에 중대한 영향이 있다'라는 의미로 사용한다. 「教育にかかわる仕事(교육에 관련된 일)」와 같이 '〜에 관련이 있다'라는 뜻으로도 사용한다.

 + にかかわる　〜에 관계되는, 〜에 관련된

① 家庭での教育は、子どもの発達や人間形成にかかわる大きな問題だ。

② 政府は、国民の安全にかかわる情報はすぐに公表すべきだ。

③ 少子高齢社会にどう対応するかは、国の将来にかかわる問題だ。

④ 日本に留学して、将来貿易にかかわる仕事に就きたいと思っています。

やってみよう!

정답 별책 P.7

1) 小さな医療ミスでも、患者の ＿＿＿＿＿ にかかわる事態を引き起こす場合もある。

2) 警察は、ついに事件の ＿＿＿＿＿ にかかわる人物を特定した。

3) データは厳重に管理すべきだ。もし流出すれば、企業の ＿＿＿＿＿ にかかわる大問題になる。

4) 今後高齢者が増え、＿＿＿＿＿ にかかわる仕事の需要がますます高まっていくだろう。

真相	福祉	命	存続

109　緊急時にあって　★★

どう使う?

「〜にあって(〜이어서)」는 '〜의 상황에서'라는 의미로, '엄중하거나 보통과는 다른 특별한 상황에서'라는 의미로 사용하는 경우가 많다.

 + にあって　〜이어서, 〜에서

① 火災などの非常時にあっては、落ち着いて行動することがまず大事だ。

② 当時は高度経済成長期にあって、政府は高速道路の整備に力を入れていた。

③ 不況下にあっても順調に業績を伸ばしている企業がある。

やってみよう！

정답 별책 P.7

1）キャラクターグッズは、消費が低迷している中（a．とあって　b．にあって）、な お根強い人気を保っている。

2）全品半額セール（a．とあって　b．にあって）、遠方からも客が押し寄せている。

3）悪天候下（a．にあっても　b．にあっては）、性能が低下しないブレーキの開発を 目指している。

☞ 2．ビールの本場とあって

110　見ようによっては ★

どう使う？

「～ようによって(は)(～하기에 따라서는)」는 '～의 방법에 따라서 변한다'라는 의미로 사용한다.

V-ます ＋ ようによって(は)　～하기에 따라서(는)

① その企画、取り上げようによっては、面白い番組が作れるんじゃないの？

② 説明不足だと、受け取りようによっては、誤解を招くおそれがあるよ。

③ 同じ境遇でも考えようによって、幸せだと感じることができるものだよ。

☞ p.187　～ように

Check 📖

정답 별책 P.7

1) 短時間の勉強でも、やり ＿＿＿＿＿＿＿、成果が上げられるはずだ。

2) 情報化が進む現代 ＿＿＿＿＿＿＿、いかに個人情報を守るかは大切な課題の１つとなっている。

3) その犬は200km ＿＿＿＿＿＿＿ 長い道のりを旅して、飼い主のもとへたどり着いた。

4) このスキャンダルは、会社の評判 ＿＿＿＿＿＿＿ から、適切な対応が必要です。

からある　　にかかわる　　にあって　　ようによっては

정답 별책 p.14

問題1 <문법 형식 판단>

次の文の（　　　）に入れるのに最もよいものを、1・2・3・4から一つ選びなさい。

1　いつから（　　　）この町に音楽を愛する若者が集まるようになった。

　　1　とはいえ　　　　**2**　といえども　　　**3**　ともなく　　　**4**　ともなると

2　5億円（　　　）ヨットが売りに出されたが、一瞬で買い手が決まったそうだ。

　　1　からくる　　　　**2**　からする　　　　**3**　からいる　　　　**4**　からある

3　この小説はとらえ（　　　）、さまざまな解釈が成り立つと言われている。

　　1　にかかわる　　　　　　　　　　　**2**　にあって

　　3　ようととらえまいと　　　　　　　**4**　ようによって

4　裁判員は裁判（　　　）話は家族にさえも話してはいけない。

　　1　に反する　　　**2**　に先立つ　　　**3**　にかかわる　　　**4**　にわたる

5　防災訓練の実施（　　　）、各部署から1人ずつ責任者が選ばれた。

　　1　にあたって　　**2**　につれて　　　**3**　にあって　　　**4**　にもとづいて

6　あの嬉しそうな様子（　　　）、川野君は合格したに違いない。

　　1　からといって　**2**　からあって　　**3**　からには　　　**4**　からみると

問題2 <문장 완성>

次の文の__★__に入る最もよいものを、1・2・3・4から一つ選びなさい。

1 虫歯を放置しておくと命 _____ _____ __★__ _____ あります。

   1 にかかわる   **2** つながる   **3** 大病に   **4** おそれが

2 香りが強い _____ _____ __★__ _____ 引き立てます。

   1 料理の   **2** 使いようによっては

   3 スパイスも   **4** 味を

3 この学校は、着物が主流だった _____ _____ __★__ _____ 制服に洋装を取り入れた。

   1 批判を   **2** 受けつつも   **3** 時代   **4** にあって

問題3 <독해>

次の文章を読んで、後の問いに対する答えとして最もよいものを、1・2・3・4から一つ選びなさい。

　火災の際、100キロからある金庫をごく普通の人間が1人で運び出したといったことがある。「火事場の馬鹿力」というもので、仕事においても時に同じようなことが起きる。これは、命なり会社の存続なりにかかわるような非常時にあって出せる力である。

　だとすれば、その力を普段出さないからといって、彼または彼女が全力で働いていないと非難するのは誤りであろう。

　しかし、人を働かせる側は無理があると知りつつも、熾烈な競争に勝つべくこの領域にまで踏み込んだ力を労働者に常時求めるきらいがある。するとどうなるか。確かに短期的には生産性が上がるだろう。とはいえ、平常時の「全力」を超えた労働をし続けることを強いれば、労働者が心身の健康を損ね、結局長続きしないばかりか、往々にしてもともとの生産性をも下回ってしまうのである。

---

1 「火事場の馬鹿力」とはどういうことか。

  1 平常時に発揮される特殊な力

  2 非常時に発揮される特殊な力

  3 平常時に出すと非難される特殊な力

  4 非常時に出すと非難される特殊な力

2 筆者が最も言いたいことは何か。

  1 経営者は労働者に常に平常時の「全力」以上の力を求めるべきではない。

  2 経営者は労働者に常に平常時の「全力」以上の力を出させるべきだ。

  3 経営者は労働者に短期的な生産性を上げさせるべきだ。

  4 経営者は労働者に非常時の生産性を上げさせるべきだ。

問題4 <청해>

まず話を聞いてください。それから、二つの質問を聞いて、それぞれ問題用紙の1から4の中から、最もよいものを一つ選んでください。

1   **1** 太陽光   **2** 風力   🔊 **39**

    3 メタンハイドレート   **4** 天然ガス

2   **1** 女の人も男の人も賛成している。

    2 女の人は賛成だが、男の人は賛成しかねている。

    3 女の人は賛成しかねているが、男の人は賛成だ。

    4 女の人も男の人も賛成しかねている。

10 前衛書道
전위 서예

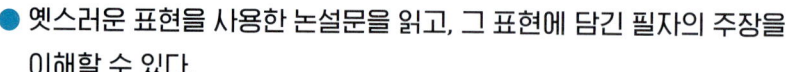

본문 해석 보기

できること

● 옛스러운 표현을 사용한 논설문을 읽고, 그 표현에 담긴 필자의 주장을 이해할 수 있다.

🔊 40

　前衛書道という書道の分野がある。昭和30年代以降急速に発展し、現在では、現代芸術の一分野としての地位を確立している。

　一般的に書道には、筆順を守るべし、二度書きをする**べからず**等、数多くの決まりがある。前衛書道家はこうした決まりに縛られずに、自由な表現を目指すものである。彼らは文字を書こうとさえ考えていない。**ただ**自分の心を表現すること**のみ**を目指す。文字として読めない**がゆえ**に、その筆の線が余白**と相まって**作り出す空間の美を純粋に鑑賞できるのである。

　前衛書道で、よく語られるのが上田桑鳩（1899-1968年）の「愛」（1951年、第7回日本美術展覧会に出展）である。この作品が発表されたときの衝撃は想像**にかたくない**。書**としてあるまじき**ものと批判され**ずにはすまなかった**のも、よくわかる。上田桑鳩は「日本経済新聞」の題字を書いた高名な書家である。しかし、この作品を見ると、この文字が「品」**でなくてなんだろう**。失礼**極まりない**ことだが、これを「愛」と思う人などいるのだろうかという疑問**を禁じえない**。

　人はその文字の持つ意味により、固定的なイメージを抱くものだ。卑近な例で恐縮だが、たとえ高名な書家が書いたものであっても、「公衆便所」と書かれた書が芸術と呼ぶ**にたる**作品かと聞かれれば、ほとんどの人が否と答えるであろうことは疑う**べくもない**。

　だが、固定観念からの解放**なくして**芸術は生まれない。前衛書道は、書道とは異なる新たな芸術の分野なのである。

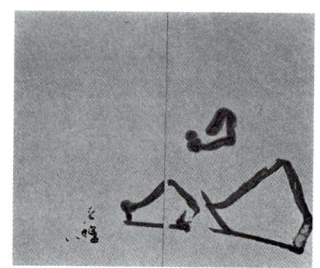

上田桑鳩「愛」

111　二度書きをするべからず ★

どう使う？

「〜べからず(〜하지 말 것)」는 '〜해서는 안 된다'라는 뉘앙스로 강한 금지를 나타낸다. 간판이나 게시글에 자주 쓰인다.

V-る ＋ べからず　〜하지 말 것

＊「〜べからざる＋**N**」의 형태도 있다.

① ペンキ塗りたて。座るべからず。
② 私有地につき駐車するべからず。
③ キャンパス内で、許可なくポスターを貼るべからず。
④ 火気厳禁。ここでたばこを吸うべからず。
⑤ 飲酒運転は、許すべからざる行為だ。

④

☞ p.184　〜べき／べく／べからず

☞ p.184　〜べき／べく／べからず

112　ただ自分の心を表現することのみ ★★

どう使う？

「(ただ)〜のみ(단지 〜만)」는 '정말로 〜뿐이다'라는 강한 한정의 의미를 나타낸다.

(ただ) ＋ [**V-る** / **N**] ＋ のみ　단지 〜만/뿐

① 聞こえてくるのはただ草原を渡る風の音のみだった。
② 本番まで、あと1週間。皆さん、今は何も考えずに、ただ練習に励むのみです。
③ やるべきことはすべてやったんでしょう。あとはただ結果を待つのみだね。
④ A：コーチ、強ければそれでいいんじゃないですか。
　　B：強さのみが王者の条件ではない。お前はまだ何もわかっていない。

やってみよう！

〜정답 별책 P.7

1）制限時間内にゴールインしたのはただ1人のみで、（a．その1人　b．他の人々）は間に合わなかった。

2）パーティーの準備が（a．完了して　b．始まって）、あとはただ首相の到着を待つのみだ。

3）孤独な彼の心を（a．知らない　b．知っている）のは、愛犬のシロのみだった。

4）留学生活も、いよいよ（a．始まって1か月　b．1か月を残す）のみとなりました。

👉 p.184　〜のみ

113　読めない**がゆえに** ★

どう使う？

「〜がゆえ（〜때문에）」는「〜ため／〜から（〜때문에）」와 같이 원인이나 이유를 나타낸다.

PI ＋ **がゆえ** 〜때문에

[**なA** だである　**N** だである]

＊「 **なA** な／ **N** (の)＋ゆえ」의 형태도 사용된다.

＊「ゆえに(때문에)」는「だから(때문에)」라는 의미로, 접속사로서 사용하기도 한다.

① 親は愛するがゆえに、子どもに厳しくすることもある。

② 市場調査が不十分であったがゆえに、大きな損失を出してしまった。

③ 日本カワウソは毛皮が美しいがゆえに乱獲され、絶滅してしまった。

④ 若さゆえの過ちを、人はなかなか認めたがらないものだ。

⑤ 彼は国民の信頼を裏切った。それゆえに、権力の座を追わ

　れることとなったのである。

⑥ a ＝ b、b ＝ c。ゆえに a ＝ c である。

③

114　筆の線が余白と**相まって** ★

どう使う？

「〜と／が相まって（〜와/이 어우러져서）」는「このスープは酸味と辛味が相まって、絶妙な味わいだ（이 수프는 신맛과 매운맛이 어우러져서 절묘한 맛이다）」와 같이 복수의 요소가 하나가 되어 정도가 높아진다고 말할 때 사용한다.

N ＋ ┌ **と相まって**　〜와 어우러져서
　　　 └ **が相まって**　〜이 어우러져서

① 主役の演技が巧みなストーリー展開と相まって人気を呼び、このドラマは視聴率トップを獲得した。

② この絵は、リアルな描写に幻想的な世界観が相まって、忘れがたい印象を与える。

③ 厳選された原料と富士山が育んだ水、冷たく澄んだ空気とが相まってこそ、我が社が誇るウイスキーができるのです。

④ 今回の全員合格という快挙は、学生たちの努力と教師の熱意が相まって、はじめて成し遂げられたものです。

115　想像にかたくない ★

どう使う？

「〜にかたくない(〜하기 어렵지 않다)」는 '금방 〜할 수 있다, 충분히 할 수 있다'라는 의미를 나타낸다.

N
V-る ＋ にかたくない　〜하기 어렵지 않다, 쉽게 〜할 수 있다

＊「想像(상상)・予想(예상)・推測(추측)・察する(헤아리다)」 등의 단어와 같이 사용한다.

① 突然の停電でエレベーターに閉じ込められた人の不安と恐怖は想像にかたくない。

② 新しいタイプの芸術に対して、評価が分かれるのは推測にかたくない。

③ 副作用の可能性を考えれば、新薬の使用に慎重にならざるを得ないのは想像にかたくない。

④ リーダーたるもの、苦しい決断を迫られるであろうことは予想にかたくない。

⑤ これらのコレクションを見れば、大原氏が美術品に造詣が深かったことは察するにかたくない。

116　書としてあるまじきもの ★

どう使う？

「〜として/にあるまじき(〜로서 해서는 안 되는)」는 「賄賂は政治家にあるまじき行為だ(뇌물은 정치가로서 해서는 안 되는 행위다)」와 같이 '어떤 입장에서는 절대로 용서되지 않는다'라고 강하게 표현하고자 할 때 사용한다.

N ＋ としてあるまじき / にあるまじき ＋ N　〜로서 해서는 안 되는

＊「許すまじき(용서해서는 안 되는)」라는 표현도 있다.

① 真っ先に救命ボートに乗るとは船長としてあるまじき行為だ。

② 初日から遅刻するとは新入社員にあるまじき態度だ。

③ 「想定外のことで対応できなかった」など、責任者にあるまじき発言ではないだろうか。

④ お年寄りからお金をだまし取るなんて、人として許すまじきことだ。

117 批判されずにはすまなかった ★

どう使う？

「～ずにはすまない(～하지 않을 수가 없다)」는 '현재 상황이나 상식으로 봤을 때 ～라는 바람직하지 않은 사태가 될 것이다'라고 예상하거나, '반드시 ～해야 하는 상황이다'라는 것을 말할 때 사용한다.

V-ない +
- **ずにはすまない** ～하지 않을 수가 없다, ～해야만 한다
- **ないではすまない** ～하지 않을 수가 없다, ～해야만 한다

＊ 「する」는 「せずにはすまない」가 된다.

① 会社の金を横領したのだから、彼は首にならずにはすまないはずだ。

② このまま森林伐採を続けていたら、自然災害を引き起こさずにはすまないだろう。

③ 欠陥品を売ったのだから消費者に非難されないではすまないでしょう。

④ 高齢者福祉の問題は私たち国民にとって知らないではすまない重要な問題です。

⑤ 事故を起こしてしまった以上、公の場で謝罪せずにはすまない。

☞ p.180 ～ずには ☞ p.182 ～ないでは／ないでも

118 この文字が「品」でなくてなんだろう ★

どう使う？

「～でなくてなんだろう(～이 아니고 무엇이겠는가)」는 '진짜 ～이다'라고 강조할 때 사용한다.

N +
- **でなくてなんだろう** ～이 아니고 무엇이겠는가
- **でなくてなんであろう** ～이 아니고 무엇이겠는가

＊ 「～でなくてなんだろうか」「～でなくてなんであろうか」의 형태도 있다.

① 親猫が、子猫のために大きな犬と戦った。これが愛情でなくてなんだろう。

② 10階から転落した幼児が無事だったとは、これが奇跡でなくてなんだろう。

③ 戦火の中で出会った異国の女性と数年後にめぐり会うとは、これが運命でなくてなんであろう。

④ たとえ弾圧されようとも、真実を報道する。それがジャーナリストの正義でなくてなんであろうか。

111
～
123

119　失礼極まりない ★★

どう使う?

「～極まりない(～하기 짝이 없다)」는 「危険極まりない(위험하기 짝이 없다)・残念極まりない(유감스럽기 짝이 없다)」와 같이 '상당히 ～하다'는 의미로 사용한다. 「～極まる(극히 ～하다)」도 같은 의미로 사용한다.

なA　な　＋　┌ 極まりない　～하기 짝이 없다, 더없이 ～하다
　　　　　　　　└ 極まる　　극히 ～하다, 상당히 ～하다

① 離島の生活は不便極まりないと思っていたが、慣れれば気にならないものだ。

② 店員の不誠実極まりない態度に納得がいかず、本社のサービスセンターにクレームのメールを送った。

③ アルバイトとはいえ、面接中にメールを確認するとは非常識極まる。

④ 「人間とは何か」などという難解極まる問いかけに、一体何と答えればいいのだろう。

やってみよう!

정답 별책 P.7

1）決勝戦は（　　　　　）極まる結果に終わった。

2）十分な装備もせずに冬山に登るなんて（　　　　　）極まりない。

3）犯人は自首したが、どこにも死体がない。（　　　　　）極まりない事件だ。

4）値段を上げれば儲かると思うのは（　　　　　）極まりない発想だ。

危険　　不本意　　単純　　不可解

〜の極(きわ)み ★

「〜の極(きわ)み(〜의 극치)」는 '상당히/최고로 〜'라는 의미를 나타낸다.

N + の + 極(きわ)み　〜의 극치, 극도의 〜

＊ 「感激(かんげき)(감격)・贅沢(ぜいたく)(사치)・美(び)(미)・痛恨(つうこん)(원통)」 등의 단어와 함께 사용한다.

① 京都(きょうと)の金閣寺(きんかくじ)は美(び)の極(きわ)みを尽(つ)くした建造物(けんぞうぶつ)と言(い)われ

ている。

② 力(ちから)及(およ)ばず、今回(こんかい)の選挙戦(せんきょせん)でこのような結果(けっか)になりま

したことは、誠(まこと)に痛恨(つうこん)の極(きわ)みでございます。

③ 毎日(まいにち)、取(と)れたての新鮮(しんせん)な野菜(やさい)や魚(さかな)で作(つく)った料理(りょうり)が食(た)べられるなんて贅沢(ぜいたく)の極(きわ)みだ。

120　疑問を禁じえない ★

どう使う?

「〜を禁(きん)じえない(〜을 금할 수 없다)」는 '자신의 감정을 억누를 수 없을 정도로 강하게 느낀다'라는 의미를 나타낸다.

N + を禁(きん)じえない　〜을 금할 수 없다

＊ 「怒(いか)り(분노)・悲(かな)しみ(슬픔)・同情(どうじょう)(동정)・とまどい(망설임)」 등 감정을 나타내는 명사와 함께 쓴다.

① 災害(さいがい)で故郷(こきょう)を失(うしな)った人々(ひとびと)の姿(すがた)に涙(なみだ)を禁(きん)じえなかった。

② 子(こ)どもの落書(らくが)きとしか思(おも)えないこの絵(え)が1億円(おくえん)もするとは、驚(おどろ)き

を禁(きん)じえない。

③ 信頼(しんらい)して1票(ぴょう)を投(とう)じた政治家(せいじか)の実行力(じっこうりょく)のなさに失望(しつぼう)と憤(いきどお)りを禁(きん)じえない。

④ 長年(ながねん)ご指導(しどう)いただきました教授(きょうじゅ)のご退官(たいかん)にあたり、一同(いちどう)、惜別(せきべつ)の念(ねん)を禁(きん)じえません。

121　芸術と呼ぶにたる作品 ★★

どう使う?

「〜にたる(〜할 만한)」는 '〜할 조건이나 가치를 충분히 만족시키고 있다'라는 의미로 사용한다.

V-る 〕
N   + にたる + **N**   ～할 만한, ～하기에 충분한

① ホームドクターに、信頼にたる眼科の専門医を紹介してもらった。
② 今回の応募作には読むにたる作品がなかったというのが私の印象です。
③ 彼は優れた教育者とは言いがたいが、専門の研究にかけては尊敬にたる人物だ。
④ ここは温泉も料理もすばらしく、部屋も落ち着いた雰囲気で、推薦するにたる旅館だ。
⑤ 2,000人の中から選ばれた君たちは、我が社の将来を担うにたる素晴らしい人材だと
　信じている。

111
～
123

やってみよう！

정답 별책 P.8

1）彼の有罪を ＿＿＿＿＿ にたる物的証拠は発見されなかった。
2）虎こそ百獣の王と ＿＿＿＿＿ にたる動物だと私は思う。
3）今回の実験では、学会で ＿＿＿＿＿ にたる成果が出なかった。
4）私は彼をこのプロジェクトを ＿＿＿＿＿ にたる能力の持ち主として、推薦します。

任せる　　証明する　　呼ぶ　　発表する

122　疑うべくもない　　★

どう使う？

「～べくもない(～할 수 없다)」는 '상황으로 봤을 때 ～하는 것은 절대로 불가능하다'라는 의미를
나타낸다.

V-る + べくもない　(절대로) ～할 수 없다, ～할 리가 없다

＊「疑う(의심하다)・比べる(비교하다)・望む(바라다)・知る(알다)」등의 단어와 함께 사용한다.

① アジアが世界経済の鍵であることは、疑うべくもない。
② これ以上の待遇は望むべくもないのに、なぜ転職など考えるのだろう。
③ 当時母がどんな気持ちだったのか、子どもの私には知るべくもないことだった。

☞ p.184　～べき／べく／べからず

123 固定観念からの解放なくして ★★

どう使う?

「〜なくして(は)…ない(〜없이는 …않다)」는 '무언가를 한다면 〜이 절대로 필요하다'라는 의미로 사용한다.

N
V-る + こと] + なくして(は) + …ない ～없이(는) ～않다

① 「努力なくして成功なし」というが、運というものもあるのではないだろうか。
② この酒は良質の米と名水なくしては生まれなかった。
③ 他者を思いやることなくして、暮らしやすい社会は作れないはずだ。
④ 「耐えることなくして勝利はない」という彼の言葉が好きだ。

やってみよう!

정답 별책 p.8

1) 著作権者の許可なくして　・

2) 家族の同意なくして　　　・

3) 社長の承認なくして　　　・

4) リスクを負うことなくして・

・a) 手術は行えないことになっている。

・b) 大きい利益は望めない。

・c) 作品を勝手に変えることは法律で禁止されている。

・d) 東京商事との業務提携プロジェクトを進めることはできない。

+ Plus

〜ことなく／〜ことなしに ★

「 **V-る** ＋ことなく／ことなしに(~하지 않고)」도 같은 의미로 사용한다.

① 今の選挙制度では、選挙運動をすることなく国会議員に当選するなどあり得ないと言われている。
② 本人の同意を得ることなく、個人情報を第三者に伝えることはできない。
③ 責任を取ることなしに自由を求めることはできない。
④ 予算変更は議会の承認を得ることなしには行えない。

p.179　〜こと

Check 📖

1) 医者としての信念 ＿＿＿＿＿＿＿、彼は助かる見込みのない我が子の治療より、助かる可能性のある患者の手術を優先した。

2) 犯人の不幸な生い立ちを知ること ＿＿＿＿＿＿＿ この事件の真相は理解できない。

3) 生前のゴッホの芸術を理解し、認めていたのは弟のテオ ＿＿＿＿＿＿＿ だった。

4) この歌はピアノの音色と少年の澄んだ歌声が ＿＿＿＿＿＿＿、いつまでも聞いていたくなるほど心地いい曲だ。

のみ　　なくして　　ゆえに　　相まって

5) 車を買ったとはいっても、社長の高級車とは比べる ＿＿＿＿＿＿＿ 中古の軽自動車だ。

6) 天文学は一生を捧げる ＿＿＿＿＿＿＿ 学問だと私は考えています。

7) データを勝手に書き換えるとは、研究者 ＿＿＿＿＿＿＿ 行為だ。

にあるまじき　　べくもない　　にたる

8) 建てたばかりの家が洪水で流されてしまったときの彼のショックは想像 ＿＿＿＿＿＿＿。

9) 会社のために今まで頑張ってきたのに、リストラなんて、裏切り ＿＿＿＿＿＿＿。

10) せっかくの海外旅行で財布を盗まれたとは、同情を ＿＿＿＿＿＿＿。

11) 初対面の人に借金を申し込むなんて、非常識 ＿＿＿＿＿＿＿。

12) 危険につき、この橋渡る ＿＿＿＿＿＿＿。

13) 住宅密集地で火災が起こったら、大きな被害を出さ ＿＿＿＿＿＿＿。

禁じえない　　ずにはすまない　　でなくてなんだろう
にかたくない　　極まりない　　べからず

10 前衛書道 〜 169

정답 별책 p.14

問題1 <문법 형식 판단>

次の文の（　　）に入れるのに最もよいものを、1・2・3・4から一つ選びなさい。

1　法廷では個人的なことまで追及されずには（　　）だろう。

　　1 おかない　　**2** いられない　　**3** ない　　**4** すまない

2　あいつ（　　）いなければ、俺の人生はもっと違うものになったはずだ。

　　1 さえ　　**2** こそ　　**3** のみ　　**4** なり

3　デザインの分野では独創性を重んじる（　　）、伝統を古臭いと否定する傾向がある。

　　1 ともなく　　**2** がゆえに　　**3** どころか　　**4** おかげで

4　二日酔いで欠勤するなんて、教師（　　）ことだね。

　　1 ならではの　　**2** なりの　　**3** にあるまじき　　**4** にかたくない

5　皆様の温かい支援なくしては、この映画は（　　）ことでしょう。

　　1 完成しなかった　　　　　　　　**2** 感動を与えた

　　3 高く評価される　　　　　　　　**4** 拍手が鳴りやまない

6　バランスのとれた食事が健康の基本であることは、改めて説明する（　　）だろう。

　　1 べからざる　　**2** にすぎない　　**3** までもない　　**4** わけがない

7　校長の退屈極まりないスピーチは30分も続き、（　　）。

　　1 笑い疲れてしまった　　　　　　**2** 眠くて仕方がなかった

　　3 夢中になって聞いていた　　　　**4** 感動極まった

8　素材の美しさに職人の技術（　　）、すばらしい工芸品が生まれた。

　　1 とはいうものの　　　　　　　　**2** が相まって

　　3 にしたところで　　　　　　　　**4** にかたくなく

問題2 <문장 완성>

次の文の___★___に入る最もよいものを、1・2・3・4から一つ選びなさい。

1　評論家の中村氏は、「観客の誰もが名優の___　___　___★___　___
　　はずだ」と称賛した。

　　1　を禁じえない　**2**　素晴らしい　**3**　演技に　**4**　感動

2　ノーベル賞の受賞通知を___　___　___★___　___にかたくない。

　　1　感激は　**2**　彼の　**3**　受けた　**4**　想像

3　限られた予算でできることはし尽くしたが、すべての
　　___　___　___★___　___できなかった。

　　1　にたる　**2**　顧客を　**3**　サービスは　**4**　満足させる

問題3 <독해>

次の文章を読んで、後の問いに対する答えとして最もよいものを、1・2・3・4から一つ選び
なさい。

> 「嘘をつくべからず」。これは当然のこととされている。嘘をついたことがわか
> れば社会的な信頼を失うことになる。嘘は人としてあるまじき行為だと言う人も
> いる。しかし、矛盾するようだが、「これまで生きてきた中で一度も嘘をついたこ
> とがない」と言う人は信頼するにたる人物だろうか。
>
> 　さまざまな立場の人間がいて、その利害や思惑が絡まり合う社会において、全
> く嘘をつくことなしに円満な人間関係は築けないのではないか。誰かの立場を思
> うがゆえに、嘘をつかずにすまない状況もあるはずだ。それでも真実を包み隠さ
> ず伝える人物がいるとすれば、それは思いやりの気持ちを持たない冷たい人間か、
> その結果起こる事態を予想できない愚か者ではないだろうか。

1　真実を包み隠さず伝える人物に対して、筆者はどのように考えているか。

1 配慮に欠ける人 　　　　　　 **2** 矛盾を抱えた人

3 信頼にたる人 　　　　　　 **4** 円満極まる人

2　筆者が最も言いたいことは何か。

1 円満な人間関係のためには、嘘をつくべきではない。

2 自分の利害や思惑を優先する人こそ信頼すべきである。

3 相手への思いやりから嘘をつく人を批判すべきではない。

4 嘘をつく人間は愚か者と呼ばれるべきである。

問題4　<청해>

この問題では、問題用紙に何も印刷されていません。この問題は、全体としてどんな内容かを聞く問題です。話の前に質問はありません。まず話を聞いてください。それから、質問と選択肢を聞いて、1から4の中から、最もよいものを一つ選んでください。

1　　　**2**　　　**3**　　　**4**　　　　　　　　　　🔊 41

부록

문형 색인

유사 문형 리스트

문형		예문	레벨	번호	페이지
~かねない／ かねる	**V** かねない ~할 수도 있다	今のような経営方法では、2、3年のうちに倒産しかねない。	N2		
	V かねる ~하기 어렵다	社長が出した方針は部分的に賛成しかねる内容を含んでいたが、反対するわけにもいかず、黙っていた。	N1	105	p.145
~から	~からこそ ~이기 때문에	大変なときだからこそ、協力することが大切なんです。	N3		
	~からといって ~라고 해서	A：あんなにがんばって練習したんだから、今度の大会は絶対優勝ですね。 B：練習したからといって、簡単には優勝できませんよ。	N3		
	V-て からでなければ ~하지 않으면	この会社では、3か月の研修を受けてからでなければ正社員になれません。	N3		
	V からには ~한 이상은	日本での就職を希望するからには、しっかり企業研究をしておいたほうがいい。	N2		
	~から見て ~입장에서 보면	便利さという点から見ると、やはり田舎より都会のほうが暮らしやすい。	N2		
	N からして ~부터가	有名デパートの店員は、言葉遣いからして丁寧だ。	N1	6	p.21
	~からある **N** ~이나 되는	小さな子どもが、10kgからある旅行かばんを一生懸命運ぼうとしている。	N1	107	p.153
	~からいる **N** ~이나 되는	災害時、3,000人からいる観客を、安全に退出させるには人手が足りない。	N1	107	p.153
	~からする **N** ~이나 하는	2,000万円からする宝石が何者かに盗まれて、大騒ぎになっている。	N1	107	p.153
	~からの **N** ~이나 되는	伊藤氏は、個人で1億円からの寄付を申し出た。	N1	107	p.153
~こと	**V** ことがある ~하는 경우가 있다	この地方は4月でも雪が降ることがある。	N3		
	A ことといったら ~정도로 말할 것 같으면	花見客の多いことといったら、ゆっくり桜も見られないほどでしたよ。	N3		
	N のことだから ~이니까	鈴木選手のことだから、本番ではさらにすばらしい演技を見せてくれることでしょう。	N3		
	~こと。 ~할 것.	願書は1月28日必着のこと。窓口での受け付けは行っておりません。	N2		

~こと	~ことか ~했던가	人は私のことを頭がいいと言うけど、この試験に合格するために、どれだけ勉強したことか。私の努力は誰も知らないでしょうね。	N2		
	~ことから ~라는 점에서, ~해서	このサツマイモは中が赤いことから、紅イモと呼ばれています。	N2		
	~ということだ ~라고 한다	ニュースでは、今回の地震による津波の心配はないということです。	N3		
	Ⅴ ことだ ~해야 한다	仕事でも何でも自分一人で悩まないで、誰かに相談することですよ。	N2		
	Ⅴ ことにする ~한 것으로 하다	私が日本にいる間に、家族がドイツへ旅行に行ったなんて、聞かなかったことにしたいなあ。	N2		
	~ことに ~하게도	ホテルの部屋に入ったら、驚いたことに、バラの花束とホテルマネージャーからの歓迎メッセージがテーブルの上に置いてあった。	N2		
	Ⅴ ことなく ~하지 않고	リンさんは朝から晩まで休むことなく、働き続けた。	N2		
	Ⅴ ことなく…ない ~하지 않고 ~없다	今の選挙制度では、選挙運動をすることなく国会議員に当選するなどあり得ないと言われている。	N1	123	p.168
	Ⅴ ことなしに…ない ~하지 않고 ~없다	責任を取ることなしに自由を求めることはできない。	N1	123	p.168
	~ないことには ~하지 않고서는	Ａ：ここに若干名募集って書いてあるけど、何人ぐらい採用するのかなあ。 Ｂ：問い合わせてみないことには、詳しいことはわからないよ。	N2		
	Ⅴ ことはない ~할 필요는 없다	君が謝ることはないよ。悪いのは向こうなんだから。	N2		
	~ないことはない ~않는 것은 아니다	Ａ：お酒、お好きですか。 Ｂ：そんなに好きではありませんが、飲めないことはありません。	N2		
	~こととて ~때문에	何分にも田舎のこととて山菜料理しかありませんが、どうぞゆっくりしていってください。	N1	68	p.100
~次第	~次第① ~하는 대로	ただ今、全線で運転を見合わせておりますが、情報が入り次第、お伝えいたします。	N2		
	Ｎ 次第② ~에 따라	登山ルートは天候次第で変更する場合もありますので、ご了承ください。	N2		

～次第 しだい	～次第だ しだい ~하는 바입니다	今回の仕事は当社の技術力では難しいと思い、お断りした次第です。 しだい	N1	12	p.31
～ずには	**V** ずにはいられない ~하지 않고는 견딜 수 없다	A：蚊に刺されたところ、かいちゃだめだよ。 か B：そう言われても、かゆくてかかずにはいられないんだよ。	N3		
	V ずにはおかない① ~하고야 말겠다	「今度こそ犯人を捕まえずにはおかないぞ」と警部は心に誓った。 けい ぶ	N1	32	p.52
	V ずにはおかない② (자연스레) ~하게 한다	盲目のピアニストが奏でる美しい調べは、聴衆の心を震わせずにはおかなかった。 もうもく　　　　　かな　　　　ちょうしゅう ふる	N1	32	p.52
	V ずにはすまない ~하지 않을 수가 없다	会社の金を横領したのだから、彼は首にならずにはすまないはずだ。 おうりょう	N1	117	p.164
～たら	～たら ~했더니	屋上に上がったら、東京スカイツリーが見えた。 おくじょう　　　　　とうきょう	N3		
	～たら～たで ~하면 ~한 대로	部屋にほこりがたまれば文句を言うし、掃除をしたらしたで、「勝手に入った」と怒るし、全く高校生の息子は扱いにくい。 もんく	N1	55	p.83
	A ことといったら ~정도로 말할 것 같으면	花見客の多いことといったら、ゆっくり桜も見られないほどでしたよ。 さくら	N3		
	N ったら ~는 정말이지	うちの犬ったら、私が浴衣着てたら、よその人と間違えてほえたのよ。 ゆかた	N2		
	～といったらない ~하기 그지 없다	今年の夏は暑いといったらない。早く秋になってほしいよ。	N1	83	p.121
～てから	**V-て** からでなければ ~하지 않으면	この会社では、3か月の研修を受けてからでなければ正社員になれません。	N3		
	V-て からというもの ~하고부터는	結婚してからというもの、彼は仕事が終わるとまっすぐ家に帰るようになった。	N1	91	p.132
～といい／といわず	**N₁** といい **N₂** といい ~도 그렇고 ~도 그렇고	濃厚なスープといい、麺のほどよい硬さといい、さすが日本一のラーメンだね。 のうこう　　　　　めん　　　　　　　かた	N1	44	p.68
	N₁ といわず **N₂** といわず ~이든 ~이든	昼といわず、夜といわず、大型のダンプカーが通るのでうちが揺れて困る。 おおがた ゆ	N1	54	p.83
～といえ／とはいえ	**N** といえば ~라고 하면	外国人に人気のある観光地といえば、やはり京都でしょうか。 きょう と	N3		
	～といえども ~라 할지라도	零細企業といえども、我が社は大企業に負けない技術を持っていると自負している。 れいさい　きぎょう　　　　　わ　　しゃ　だいきぎょう じ　ふ	N1	8	p.27
	～とはいえ ~라고는 해도	親子とはいえ、触れてはならないプライバシーというものがある。	N1	61	p.90

～といった	**N** といった ～같은	くるみやアーモンドといったナッツ類を毎日食べると、記憶力がよくなるそうです。	N2		
	～といったところだ① ～정도쯤 되다	人気役者の浮世絵は、今日でいえばアイドル写真といったところだ。	N1	45	p.68
	～といったところだ② 기껏해야 ～정도이다	時給が上がるといっても期待しないほうがいいよ。せいぜい50円といったところだよ。	N1	62	p.91
	N といったら ～라고 하면	冬のスポーツといったら、やっぱりスキーだよね。	N3		
	～といったらない ～하기 그지 없다	今年の夏は暑いといったらない。早く秋になってほしいよ。	N1	83	p.121
～と思う	～かと思う ～일 거라고 생각하다	今週はちょっと難しいですが、来週なら時間が取れるかと思います。	N3		
	～かと思った ～인 줄 알았다	A：あの人、新しく来た課長さんよ。 B：え、本当!? 若そうだから、新入社員かと思ったよ。	N3		
	V かと思うと ～하는가 싶더니	青空を飛んでいた鳥は突然海に潜ったかと思うと、魚を口にくわえて出てきた。	N2		
	～かと思いきや ～이라고 생각했는데	なかなか連絡が来ないので落ちたかと思いきや、今日になって合格通知が届いた。	N1	99	p.141
	V ばと思う ～해 주길 바라다	こちらの事情をご理解いただければと思います。	N2		
～ところ	～ところ (마침) ～했을 때	あくびしたところを写真に撮られたって、佐藤さん、怒ってたよ。	N3		
	～ところだった ～할 뻔했다	今朝は30分も寝坊しちゃって、遅刻するところだったよ。	N2		
	～ところ(を) ～인데	お暑いところ申し訳ございませんが、節電のためエアコンの温度は28度に設定させていただいております。	N1	65	p.98
	V-た ところで ～한다고 해도	今から急いだところで、間に合うわけがないよ。	N1	77	p.112
	～といったところだ① ～정도쯤 되다	人気役者の浮世絵は、今日でいえばアイドル写真といったところだ。	N1	45	p.68
	～といったところだ② 기껏해야 ～정도이다	時給が上がるといっても期待しないほうがいいよ。せいぜい50円といったところだよ。	N1	62	p.91
	～どころじゃない ～할 상황이 아니다	A：学校が終わったらカラオケ行かない？ B：カラオケどころじゃないよ！ レポート、書かなきゃ。明日締め切りなんだ。	N2		

～ところ	～どころか ~는커녕	高校を卒業した頃、海外旅行どころか国内旅行もしたことがなかった。	N2		
～ないでは／ ないでも	**V** ないではいられない ~하지 않고는 있을 수 없다	彼女は毎日ケーキを食べないではいられないらしい。	N3		
	V ないではおかない ~하고야 말겠다	彼の過失となれば、会社は損害賠償を請求しないではおかないだろう。	N1	32	p.52
	V ないではすまない ~하지 않을 수가 없다	欠陥品を売ったのだから消費者に非難されないではすまないでしょう。	N1	117	p.164
	V ないでもない ~하지 않는 것은 아니다	彼が犯人だという証拠はないでもないが、まだ断定はできない。	N1	19	p.41
～ながら	～ながら(も) ~이지만	彼とは同じ寮に住んでいながら、ほとんど話をしたことがなかった。	N2		
	～ながら(に) ~하면서부터	仏陀は生まれながらに非凡な才能を発揮したそうである。	N1	92	p.133
～なら	～なら、… ~라면	台湾へ旅行に行くなら、11月が一番いいと思いますよ。	N3		
	～なら～で ~하면 ~하는 대로	Ａ：課長、今月いっぱいで会社を辞めさせていただきたいんですが……。 Ｂ：会社を辞めるなら辞めるで、今の仕事をちゃんと片付けてからにしてくれ。	N1	80	p.115
	～ならまだしも ~라면 또 몰라도	スニーカーならまだしも、サンダルやハイヒールで登山なんて無茶だ。	N1	50	p.77
	～ならいざしらず ~라면 모를까	加藤さんのように英語が上手ならいざしらず、僕に会議の通訳なんて無理ですよ。	N1	58	p.86
～に至る／ の至り	**N** に至るまで ~에 이르기까지	家を買うなら、床下から屋根に至るまで専門家に細かくチェックしてもらったほうがいいですよ。	N1	5	p.20
	～に至る ~에 이르다	彼は長年にわたって、サルからヒトに至るまでの進化の過程を研究している。	N1	5	p.20
	N に至っては ~에 이르러서는	今年の国民生活時間調査によると、新聞を読んでいる40代の男性は41％、30代は23％、20代に至っては13％だった。	N1	7	p.27
	N の至り 대단히 ~이다	このような権威ある賞をいただきまして、誠に光栄の至りでございます。	N1	66	p.99
～に限る／ 限り	**N** に限り ~에 한해	本日に限り、通常価格100グラム1,500円の牛肉を半額でご提供いたしております。	N2		
	N に限って～ない ~에 한해서 ~아니다	うちの子に限って、万引きなんてするはずがありません。	N2		

~に限る／限り	**V** 限り ~하는 한	高齢者でも、働ける限りは働きたいと思っている人が多い。	N2		
	N に限らず ~에 한정되지 않고	環境対策のためにも、夏に限らず、年間を通して節電を心がけるべきだ。	N2		
	N に限って ~에 한해서	よく知らないやつに限って、偉そうなことを言う。	N2		
	~に限る ~가 제일이다	運動の後は、はちみつとレモンのジュースに限る。	N2		
	限りだ 매우 ~하다	努力の甲斐あって、日本の看護師の国家試験に受かって、うれしい限りです。	N1	71	p.102
	N 限りで ~을 끝으로	山田選手、「今シーズン限りで引退」と、突然の発表。	N1	106	p.146
	N を限りに ~을 끝으로	「今日を限りにギャンブルはやめる」と、彼は今年だけでも3回は言った。	N1	106	p.146
~にして／にしろ／にした	**N** にして① ~에	砂に描いた絵は、強風により、一瞬にして消え去った。	N1	102	p.143
	~にして② ~이면서	彼は大学の教授にして、有名な作家でもある。	N1	23	p.44
	N にしては ~치고는	今人気のエリナはモデルにしては背が高いほうではない。	N2		
	N にしてみれば ~에게 있어서는	私のような考え方は若い人にしてみれば、古いと思われるでしょう。	N1	81	p.118
	N にしても ~의 입장으로서도	人員削減は会社側にしてもメリットばかりとは言えまい。	N1	81	p.117
	~にしても ~にしても ~도 그렇고 ~도 그렇고	大学院で研究しようと思ったら、理系にしても文系にしても、英語力は絶対必要だよ。	N2		
	~にしろ ~にしろ ~(이)든 ~(이)든	東京にしろ大阪にしろ大都市には働く場所が多いので人が集まってくる。	N2		
	N にしたところで ~라고 해도	温厚な田中さんにしたところで、1時間も待たされたら、怒り出すに違いない。	N1	86	p.123
	N にしたら ~의 입장이라면	どんな判決が出ても、被害者にしたら、納得できるものではないだろう。	N1	81	p.117
~にたえない	**N** にたえない① 대단히 ~이다	長年にわたり弊社の発展にご尽力を賜り、感謝にたえません。	N1	69	p.101
	~にたえない② 차마 ~할 수 없다	言い訳ばかりしている政治家の話は聞くにたえない。	N1	56	p.84

～のみ	～のみ ~뿐, ~만	お薬のみご希望の方は、こちらの箱に診察券をお入れください。	N2		
	～のみならず ~뿐만 아니라	現在、日本のコンビニは若者のみならず、あらゆる世代の人々に様々な目的で利用されている。	N2		
	(ただ) ～のみ 단지 ~뿐, ~만	聞こえてくるのはただ草原を渡る風の音のみだった。	N1	112	p.161
～ばかり	V-た ばかり 막 ~한 참	父は昨日退院したばかりなのに、今日から会社に出ている。	N3		
	～ばかり ~만, ~하기만 (하다)	最近雨ばかりで、洗濯物が乾かなくて困っています。	N3		
	～ばかり ~하기만 할 뿐	円高が進んで、景気が悪くなるばかりだ。	N2		
	～ばかりか ~뿐만 아니라	今日は電車で足を踏まれたばかりか、かばんに入れておいたサンドイッチもつぶされてしまった。	N3		
	～ばかりでなく…も ~뿐만 아니라 ~도	落語は最近、お年寄りばかりでなく若い女性にも人気が出てきた。	N3		
	～ばかりに ~한 탓에	本当のことを言ったばかりに、彼を怒らせてしまった。	N2		
	～んばかり 당장이라도 ~할 듯이	たくさんの花をつけた山百合が、風に吹かれて折れんばかりに揺れている。	N1	73	p.109
	～とばかりに 금방이라도 ~할 듯이	中田選手はチャンスに監督から呼ばれ、待ってましたとばかりに立ち上がった。	N1	73	p.110
～べき／ べく／ べからず	V べき ~해야 한다	人にお金を借りたらすぐに返すべきだ。	N3		
	V べく ~하기 위해	留学経験を生かして、独自のビジネスを立ち上げるべく、準備を進めている。	N1	90	p.131
	V べくして V-た 당연히 ~할 것이 ~했다	この車は燃費も良く、洗練されたデザインで、売れるべくして売れたと言える。	N1	52	p.79
	V べくもない ~할 수 없다	アジアが世界経済の鍵であることは、疑うべくもない。	N1	122	p.167
	V べからず ~하지 말 것	ペンキ塗りたて。座るべからず。	N1	111	p.161
～ほか	～ほか(は)ない ~할 수밖에 없다	天候不順で、山頂まで行くのはあきらめるほかない。	N3		
	N をおいて他にない ~말고는 달리 방법이 없다	地球の生態系を保全し、環境を守ることができるのは、人類をおいて他にない。	N1	40	p.62

~まい	**V** まい ~하지 않을 것이다	世界経済は状況から見て、すぐに好転することはあるまい。我が社も早急に対策を考えなければならない。	N2		
	V か **V** まいか ~할지 말지	彼は夏休みに国へ帰ろうか帰るまいかと悩んでいるらしい。	N2		
	V-よう が **V** まいが ~하든 ~하지 않든	役に立とうが立つまいが、疑問に思うことを解明しようとするのが人間というものだ。	N1	79	p.114
	V-よう と **V** まいと ~하든 ~하지 않든	お客が来ようと来るまいと、部屋はいつも片付けておけ。	N1	79	p.114
~まで	**V** までのことだ ~하면 그만이다	地下鉄が止まっていたら、バスで行くまでのことだ。心配はいらないよ。	N1	82	p.118
	V-た らそれまでだ ~하면 그것으로 끝이다	仕事を頑張るのもいいが、無理して病気になったらそれまでだ。	N1	74	p.110
	V までもなく ~할 필요도 없이	遠方に足を運ぶまでもなく、ネットを通じて地方の特産品が手に入る時代になった。	N1	41	p.65
	V ないまでも ~하지는 못해도	時給1,000円はもらえないまでも、850円はもらいたい。	N1	43	p.67
~もの／もん	~もので ~이기 때문에, ~해서	慣れないものですから、ご迷惑をおかけするかもしれませんが、どうぞよろしくお願いします。	N3		
	V ものだ① ~인 법이다	A：うちの息子は最近口答えばかりして、ちっとも言うことを聞かないんですよ。 B：子どもは親に反抗するものですから、それも成長のひとつですよ。	N2		
	~ものだ② ~하곤 했다	昔はよく友達と近くの川で泳いだものだ。	N2		
	~ものではない ~해서는 안 된다	楽をしてお金をもうけようなんて考えるもんじゃない。	N2		
	~というものだ (바로) ~인 것이다	A：先生、山下君のせいで私たちのグループだけ、作品が完成していないんです。 B：困ったときに助け合うのが友達というものだろ。手伝ってあげなさい。	N2		
	~というものではない ~인 것은 아니다	勉強は今日やれば明日やらなくていいというものではない。	N2		
	~ものがある ~인 부분이 있다	A：タンさんって才能あるよね。 B：私もそう思う。彼の絵にはすばらしいものがあるよね。	N2		
	~ものの ~이기는 하지만	水泳教室に通ってはいるものの、いまだに25メートルしか泳げない。	N2		

				N2/N1		
～もの／もん	**V** ものなら (만약에) ~라면	子どものころから星が好きだったので、行けるものなら宇宙旅行に行ってみたいと思っています。	N2		
	V ないものか ~할 수 없는 것일까	花粉症の季節がやってきた。この目のかゆみと止まらない鼻水を何とかできないものか。	N1	59	p.86
	V ないものでもない ~하지 않는 것은 아니다	君がそんなに頼むんだったら、今回だけ特別に認めないものでもないんだけどね。	N1	19	p.41
	V-よう ものなら 만약에 ~한다면	近頃のアルバイトはちょっと注意しようものなら、すぐ「じゃ、辞めます」と言いかねない。	N1	57	p.85
	V-て からというもの ~하고부터는	結婚してからというもの、彼は仕事が終わるとまっすぐ家に帰るようになった。	N1	91	p.132
	N というもの ~동안	この1週間というもの、カップラーメン以外のものを口にしていない。	N1	91	p.133
	～ものを ~했을 텐데	早く来れば空いていたものを、この様子じゃチケットを買うだけで1時間はかかりそうだ。	N1	75	p.111
	～ものか (절대로) ~하지 않는다	こんなサービスの悪い店には二度と来るもんか。	N2		
	～もん ~인 걸, ~이니까	Ａ：そんなにたくさんお土産買うの？ Ｂ：だって、この人形もこのお菓子も日本じゃなきゃ、買えないんだもん。	N2		
～よう	～ようだ ~같다	あのえんぴつのような形をしている建物は、電話会社のビルです。	N3		
	～ような ~같은	インフルエンザのようなほかの人にうつる病気になったら、治るまで学校へ来てはいけないことになっています。	N3		
	V かのようだ (마치) ~인 것 같다	リンさんの部屋はまるで泥棒が入ったかのように散らかっている。	N3		
	～ようなら ~할 것 같으면	Ａ：すみません。仕事がまだ終わらなくて、ちょっと遅くなりそうなんです。 Ｂ：そうですか。じゃあ、6時過ぎるようなら先に行ってますね。	N3		
	V ようでは ~해서는, ~하다니	おしゃれに全然気を使わないようじゃ、社会人としてまずいんじゃない？	N2		
	V ようがない ~할 수가 없다	出張の予定だったが、大雪で飛行機が欠航してしまったので行きようがない。	N2		
	V-よう が ~든지	どんなにひどいけがをしようが、アイスホッケーはやめられない。	N1	78	p.113
	V-よう と ~든지	お前がどこへ行こうと、俺の知ったことか。勝手にしろ！	N1	78	p.113

~よう	**V-よう** が **V** まいが ~하든 ~하지 않든	役に立とうが立つまいが、疑問に思うことを解明しようとするのが人間というものだ。	N1	79	p.114
	V-よう と **V** まいと ~하든 ~하지 않든	お客が来ようと来るまいと、部屋はいつも片付けておけ。	N1	79	p.114
	V-よう ものなら 만약에 ~한다면	近頃のアルバイトはちょっと注意しようものなら、すぐ「じゃ、辞めます」と言いかねない。	N1	57	p.85
~ように	**V** ように言う ~하라고 말하다	お母さんからも勉強するように言ってください。	N3		
	V ようになっている ~하게 되어 있다	ほこりが鼻に入るとくしゃみが出て、自然にそれを外へ出すようになっています。	N2		
	V-よう にも **V** ない ~하려고 해도 ~할 수 없다	スピーチ大会での大失敗は、忘れようにも忘れられない。	N1	84	p.122
	V ようによって(は) ~하기에 따라서(는)	その企画、取り上げようによっては、面白い番組が作れるんじゃないの?	N1	110	p.155
~をもって	**N** をもって① ~으로(수단)	当選者の発表は賞品の発送をもってかえさせていただきます。	N1	13	p.31
	N をもって② ~으로, ~로써(시점)	当店は本日をもって閉店いたします。長らくのご愛顧、誠にありがとうございました。	N1	67	p.100

N1 Can Do List

장	단어들	できること	핵심 문법
1	ニュースを読む 뉴스를 읽다 オクトーバーフェスト 옥토버페스트	●イベントなどに関する記事を読んで、その特色や様子が理解できる。 이벤트 등에 관한 기사를 읽고, 그 특징이나 상황을 이해할 수 있다.	1　「博開けり」を皮切りに 2　ビールの本場とあって 3　バイエルン地方ならではのダンス 4　例年にもまして 5　小さな子どもに至るまで 6　雰囲気からして
2	スピーチを聞く 연설을 듣다 産業医を増やそう 산업의를 늘리자	●公的な立場の人のスピーチを聞いて、現状の説明と提言が理解できる。 공적인 연설을 듣고, 현재 상황에 대한 설명과 의견을 이해할 수 있다.	7　さいたい市に至っては 8　中小企業といえども 9　休職を余儀なくされる 10　一刻たりとも 11　おろそかになるきらいがあります 12　ご提案をさせていただく次第です 13　ご指導をもって 14　笑顔あってのさいわい市 15　願ってやみません
3	昔話を読む 옛날 이야기를 읽다 飯食わぬ女房 밥을 먹지 않는 아내	●昔話の表現を楽しみながら、物語の展開を追って読める。 옛날 이야기 속 표현을 보고 이야기의 전개를 따라 읽을 수 있다. ●昔話の表現を楽しみながら、登場する人物の行動や出来事の経緯などが理解できる。 옛날 이야기 속 표현을 보고, 등장인물의 행동이나 사건 경위 등을 이해할 수 있다.	16　ほこりまみれ 17　友達の心配をよそに 18　俺なりに 19　もらわないでもない 20　言うしまって 21　掃除なり洗濯なり 22　働き者にして美人 23　結構ずくめな話 24　食べ物はおろか一滴の水すら口にしなかった 25　水すら口にしなかった 26　お祝いがてらに 27　何も食べない人間がいるとは 28　家を出るなり 29　酒は飲むわ、ごろごろするわ 30　米が炊けるが早いか 31　作るそばから 32　食わずにはおかない 33　捕まったが最後 34　食ってやる

			No.	
4	上司との付き合い方 상사와 잘 지내는 법 実用書を読む 실용서를 읽다	●実用書などを読んで、筆者の考察が理解できる。 실용서 등을 읽고, 필자의 생각을 이해할 수 있다.	35	社会人ともなると
			36	気楽な学生時代にひきかえ
			37	待遇の問題もさることながら
			38	上司との関係であれ、同僚や後輩との関係であれ
			39	現状に即した対応
			40	今をおいて他にありません
		●実用書などを読んで、筆者の考察が理解できる。 실용서 등을 읽고, 필자의 생각을 이해할 수 있다.	41	言うまでもなく
			42	上司との関係いかん
			43	好きとは言えないまでも
			44	面倒見のよさといい、仕事ぶりといい
			45	ギブ・アンド・テイクといったところ
5	ドラマのシナリオを読む 드라마의 시나리오를 읽다 転職 전직 離職 이직	●ドラマのシナリオを読んで、登場人物の批判的ない心情が理解できる。 드라마의 시나리오를 읽고, 등장인물의 비판적인 심리를 이해할 수 있다.	46	間が抜けているというか、無責任というか
			47	誰も見ていないのをいいことに
			48	誰が納得するんですか
			49	自覚がないにもほどがあります
			50	厳しい監視をくぐり抜けてやられたならまだしも
			51	警備以前の問題
			52	起こるべくして起こった事件
			53	業種が業種なだけに
		●ドラマのシナリオを読んで、登場人物の複雑な心情が理解できる。 드라마의 시나리오를 읽고, 등장인물의 복잡한 심정을 이해할 수 있다.	54	早朝といわず、深夜といわず
			55	電話に出たら出たで
			56	聞くにたえない
			57	一歩でも外に出ようものなら
			58	一般の人間ならいざしらず
			59	動かせられないものか
			60	それに越したことはない
		●ドラマのシナリオを読んで、状況や登場人物の心情が理解できる。 드라마의 시나리오를 읽고, 상황이나 등장인물의 심정을 이해할 수 있다.	61	ロボットとはいえ
			62	せいぜいあと半年といったところだ
			63	辞めるに辞められない
			64	注文にかこつけて

番号	項目	内容	No.	例文
6	スピーチをする 발표를 하다 研修を終えて 연수를 끝마치고	・送別会などで、関係者に対し、お礼や抱負を含む改まったスピーチができる。 송별회 등에서 관계자에게 감사나 포부를 담아 공손한 발표를 할 수 있다.	65 66 67 68 69 70 71	お忙しいところを 感激の至り 本日3月31日をもって 慣れないこととて 感謝の念にたえません 社員たる者 うれしい限りです
7	社内で話す 사내에서 이야기하다 さすが本田君 역시 혼다 군	・仕事上の話題について、批判的な意見を交えて社内で話ができる。 업무상의 화제에 대하여 비판적인 의견을 섞어 사내에서 이야기할 수 있다. ・仕事の結果について、振り返りながら社内で話ができる。 업무 결과를 뒤돌아보며 동료와 이야기할 수 있다.	72 73 74 75 76 77 78 79 80 81 82 83 84 85 86 87	子どものお遣いじゃあるまいし 言わんばかり 先を越されたらそれまでだ 絶好のチャンスだったものを あちらの担当者ともども 説明したところで 相手が何を言おうが 赤字になろうがなるまいが 安くしてほしいならほしいで 相手にすれば あきらめるまでのことだ 悔しいといったらない 契約を取ろうにも取れない 配りまくってみる カブデック社にしたところで 契約を取ってみせます
8	小説を読む 소설을 읽다 楽園の萌花 낙원의 모에카	・ファンタジー小説を読んで、やや古風な表現を味わいながら、登場人物やその関係を理解することができる。 판타지 소설을 읽고, 다소 옛스러운 표현을 음미하면서 등장인물이나 관계를 이해할 수 있다.	88 89 90 91 92 93 94 95	行きつ戻りつ 見るともなく 町を異界のものたちから守るべく 物心ついてからというもの 生まれながらに 当たり前のことをしてきたまでのことである 厳しい修行をものともせず 高校に通うかたわら

		96 謎めいた言葉
		97 ご機嫌が現れるやお若や
		98 小鬼ごとき
		99 慌てて逃げ出すかと思いきや
		100 楽園を前にらんがため
		101 薄紙のごとく
		102 一瞬にして
		103 考えるだに恐ろしい
		104 想像だにしなかった
		105 決めかねている
		106 今日を限りに
		107 100人からいる/けが人
		108 命にかかわる
		109 緊急時にあって
		110 見ようにょっては
		111 二度書きをするべからず
		112 ただ自分の心を表現することのみ
		113 読めないがゆえに
		114 筆の線が余白と相まって
		115 想像にかたくない
		116 書としてあるまじきもの
		117 批判されずにはすまなかった
		118 この文字が「品」でなくてなんだろう
		119 失礼極まりない
		120 疑問を禁じえない
		121 芸術と呼ぶにたる作品
		122 疑うべくもない
		123 固定観念からの解放なくして

8

●ファンタジー小説を読んで、やや古風な表現を味わいながら、出来事の経緯を追って登場人物の心情が理解できる。

판타지 소설을 읽고, 다소 옛스러운 표현을 음미하면서 사건의 경위에 따라 등장인물의 심정을 이해할 수 있다.

小説を読む
소설을 읽다
楽園の萌花
낙원의 모에카

9

●講演を聞く
강연을 듣다
●やや専門的な説明を聞いて、その内容や発話者の意見が理解できる。
다소 전문적인 설명을 듣고, 그 내용이나 발화자의 의견을 이해할 수 있다.
トリアージ
트리아지

10

●論説文を読む
논설문을 읽다
●古風な表現を使った論説文を読んで、その表現に込められた筆者の主張が理解できる。
옛스러운 표현을 사용한 논설문을 읽고, 그 표현에 담긴 필자의 주장을 이해할 수 있다.
前衛書道
전위 서예

TRY ! トライ

JLPT 일본어 능력시험 N1

고급 문법으로 입 트이는 일본어 ▶

べっさつ

별책

5）に至るまで
6）にもまして

① ニュースを読む
オクトーバーフェスト

1
▶問題 p.17
1）a　2）b　3）b　4）a

2
▶問題 p.18
1）c　2）a

3
▶問題 p.19
1）a　2）b

4
▶問題 p.19
1）b　2）a　3）b　4）b

5
▶問題 p.21
1）a　2）a　3）b

6
▶問題 p.21
1）a　2）a　3）b

Check 📖
▶問題 p.22
1）を皮切りに
2）ならでは
3）からして
4）とあって

② スピーチを聞く
産業医を増やそう

7
▶問題 p.27
1）c　2）a　3）d　4）b

8
▶問題 p.28
1）a　2）b　3）a　4）a

9
▶問題 p.29
1）a　2）a　3）b　4）a

10
▶問題 p.30
1）b　2）b　3）a

11
▶問題 p.30
1）b　2）b　3）a　4）a

13
▶問題 p.32
1）a　2）b　3）b　4）a

14
▶問題 p.32
1）a　2）b　3）b　4）a

15
▶問題 p.33
1）a　2）b　3）b　4）a

Check 📖📖

▶問題p.34

1) てやまない
2) たりとも
3) きらいがある
4) といえども
5) 次第です
6) あっての
7) を余儀なくされた
8) をもって
9) に至っては

3 昔話を読む
飯食わぬ女房

16

▶問題p.39

1) a　2) b　3) b　4) a

17

▶問題p.40

1) c　2) a　3) b　4) d

18

▶問題p.41

1) a　2) a　3) b　4) b

19

▶問題p.42

1) c　2) b

21

▶問題p.43

1) b　2) a

24

▶問題p.44

1) a　2) b

25

▶問題p.45

1) a　2) a　3) a　4) b

Check 📖📖

▶問題p.46

1) ずくめ
2) はおろか
3) をよそに
4) なりに
5) にして
6) まみれ
7) すら
8) でもない
9) なり・なり

27

▶問題p.49

1) b　2) a　3) d　4) c

28

▶問題p.50

1) a　2) b　3) b

30

▶問題p.51

1) a　2) b　3) a

31

▶問題p.52

1) a　2) a　3) b

Check 📖📖

▶問題p.54

1) とは
2) が早いか
3) が最後
4) そばから
5) にはおかない

6) かたがた
7) なり

4 実用書を読む（じつようしょ）
上司との付き合い方

35
▶問題p.59
1) a 2) a 3) a 4) a
5) b

37
▶問題p.60
1) a 2) b

38
▶問題p.61
1) a・a 2) b・b 3) b・b
4) a・a

39
▶問題p.62
1) b 2) a 3) b

40
▶問題p.62
1) a 2) a 3) b

Check 📖
▶問題p.63
1) にひきかえ
2) ともなると
3) に則して（そく）
4) をおいて
5) をおいても
6) であれ
7) もさることながら

41
▶問題p.65
1) b 2) a

42
▶問題p.66
1) c 2) d 3) a 4) b

43
▶問題p.67
1) a 2) a 3) c

44
▶問題p.68
1) a・a 2) b・b 3) a・a

45
▶問題p.69
1) a 2) a

Check 📖
▶問題p.69
1) までもない
2) ないまでも
3) いかんによって
4) のいかんにかかわらず
5) といったところ
6) といい・といい

5 ドラマのシナリオを読む
転職（てんしょく）

46
▶問題p.74
1) b 2) a 3) a 4) b

47

▶問題 p.75

1）d　2）a　3）b　4）c

49

▶問題 p.77

1）d　2）a　3）b　4）c

50

▶問題 p.78

1）a　2）a　3）b　4）a

51

▶問題 p.79

1）a　2）a　3）b　4）b

52

▶問題 p.79

1）a　2）b　3）b　4）b

53

▶問題 p.80

1）b　2）a　3）a　4）a

Check 📖
▶問題 p.81

1）だけに
2）をいいことに
3）ならまだしも
4）にもほどがある
5）べくして
6）といおうか
7）以前に
8）か

55

▶問題 p.84

1）b　2）d　3）a　4）c

57

▶問題 p.85

1）d　2）a　3）b　4）c

60

▶問題 p.87

1）b　2）a　3）b

Check 📖
▶問題 p.88

1
1）に越したことはない
2）にたえない
3）ならいざしらず
4）ようものなら
5）ないものか
2
1）a　2）b

61

▶問題 p.90

1）b　2）a　3）b　4）a

62

▶問題 p.91

1）a　2）b　3）a

64

▶問題 p.93

1）取材（しゅざい）
2）子ども
3）節電（せつでん）
4）病気

Check 📖
▶問題 p.93

1）といったところ
2）怒るに怒れない
3）仕事とはいえ

4) 仕事にかこつけて

6 スピーチをする
研修を終えて

65
▶問題 p.99

1）a　2）b　3）a　4）b

67
▶問題 p.100

1）a　2）a　3）b

71
▶問題 p.102

1）喜ばしい
2）頼もしい
3）心細い
4）情けない

Check 📖
▶問題 p.103

1）限り
2）にたえません
3）をもちまして
4）たる
5）こととて
6）至り
7）ところを

7 社内で話す
さすが本田君

72
▶問題 p.108

1）a　2）b　3）c

73
▶問題 p.109

1）a　2）a　3）b

74
▶問題 p.110

1）a　2）c

75
▶問題 p.111

1）b　2）c

76
▶問題 p.112

1）d　2）a　3）b　4）c

77
▶問題 p.113

1）a　2）a　3）b

78
▶問題 p.114

1）c　2）a

79
▶問題 p.115

1）c　2）d　3）a　4）b

80
▶問題 p.116

1）a　2）b　3）a

81
▶問題 p.117

1）a　2）a　3）b

82

▶問題 p.118

1）b 2）a

Check 📖

▶問題 p.119

1

1）ときたら
2）じゃあるまいし
3）にすれば
4）それまでだ
5）までのことだ
6）ものを

2

1）b 2）a 3）b 4）a

83

▶問題 p.121

1）c 2）b

84

▶問題 p.122

1）a 2）b 3）b

86

▶問題 p.123

1）a 2）a 3）b

Check 📖

▶問題 p.124

1）にしたところで
2）まくった
3）ようにも
4）ったらありゃしない
5）みせます

8 小説を読む 楽園の萌花

89

▶問題 p.130

1）聞く・聞いて
2）見る・見て
3）する・して
4）待つ・待って

90

▶問題 p.132

1）a 2）c 3）d 4）b

91

▶問題 p.132

1）a 2）a 3）b 4）a

92

▶問題 p.133

1）a 2）c 3）c

94

▶問題 p.135

1）a 2）b

95

▶問題 p.136

1）c 2）d 3）a 4）b

Check 📖

▶問題 p.137

1

1）をものともせず
2）べく
3）かたわら
4）ともなく

2

1）a 2）a 3）b 4）a

96

▶問題 p.139

1）春
2）謎（なぞ）
3）言い訳（わけ）
4）脅迫（きょうはく）

97

▶問題 p.140

1）a　2）b　3）b　4）a

98

▶問題 p.141

1）a　2）b　3）b　4）a

99

▶問題 p.141

1）b　2）a　3）a

101

▶問題 p.143

1）b　2）a　3）d　4）c

105

▶問題 p.145

1）a　2）b　3）b　4）a

106

▶問題 p.146

1）b　2）a　3）b

Check 📖

▶問題 p.147

1）や否（いな）や
2）ごとき
3）と思いきや
4）だにせず
5）だに

6）を限りに
7）んがため
8）めいた
9）ごときに
10）かねる

⑨ 講演を聞く
トリアージ

108

▶問題 p.154

1）命
2）真相（しんそう）
3）存続（そんぞく）
4）福祉（ふくし）

109

▶問題 p.155

1）b　2）a　3）a

Check 📖

▶問題 p.156

1）ようによっては
2）にあって
3）からある
4）にかかわる

⑩ 論説文（ろんせつぶん）を読む
前衛書道（ぜんえい しょどう）

112

▶問題 p.161

1）b　2）a　3）b　4）b

119

▶問題 p.165

1）不本意（ふほんい）
2）危険
3）不可解（ふかかい）

7

4）単純

121

▶問題 p.167
1）証明する
2）呼ぶ
3）発表する
4）任せる

123

▶問題 p.168
1）c　2）a　3）d　4）b

Check 📖

▶問題 p.169
1）ゆえに
2）なくして
3）のみ
4）相まって
5）べくもない
6）にたる
7）にあるまじき
8）にかたくない
9）でなくてなんだろう
10）禁じえない
11）極まりない
12）べからず
13）ずにはすまない

まとめの問題

정답·스크립트

1　ニュースを読む
オクトーバーフェスト

▶問題 p.23

問題1

| 1 | **1** | 2 | **4** | 3 | **4** | 4 | **1** |
| 5 | **4** | 6 | **4** | 7 | **3** | | |

問題2

1	**2**	（1→4→**2**→3）
2	**4**	（2→3→**4**→1）
3	**3**	（1→4→**3**→2）

問題3

| 1 | **1** | 2 | **2** | 3 | **1** | 4 | **4** |

問題4

| 1 | **2** | 2 | **1** | 🔊 03 |

テレビの番組でリポーターが話しています。

M₁：今晩は。今年も花火のシーズンになりました。この番組でも東京を皮切りに新潟、秋田に至るまで東日本の花火大会を追いかけて参ります。
　さて、私は今、東京隅田川の会場におります。今日は、250年以上の歴史がある花火大会とあって、多くの見物客でにぎわっています。今年は例年にもまして浴衣を着た人が目立ちますね。また、船に乗って、花火見物をする人も多く見受けられます。

F：花火に浴衣か。いいなあ、船から見る花火。一回は見てみたいな。

M₂：のんびりうちでビール飲みながら、テ

レビで見るのが一番だよ。これが我が
家ならではの花火見物だよ。

F：え〜。やっぱり生で見たいよ。会場で見
ようよ。

M₂：来年な。混んでなかったらな。

F：混んでない花火大会なんてあるわけない
じゃない。

1 どうして隅田川の花火大会を見に行く人
が多いと言っていますか。

2 女の人は今、どこにいますか。

② スピーチを聞く
産業医を増やそう

▶問題p.35

問題1

1	**1**	2	**4**	3	**3**	4	**2**

5	**2**	6	**3**	7	**1**

問題2

1 **3** （4→1→**3**→2）

2 **2** （4→3→**2**→1）

3 **3** （2→4→**3**→1）

問題3

1	**1**	2	**3**	3	**2**	4	**2**

5	**3**

問題4

1	**4**	2	**1**	🔊05

ボランティア活動のリーダーが参加者に話をし
ています。

M₁：海外での1か月にもわたるボランティ
アに参加される皆様には、心から敬意を
表したいと思います。ここで私からお願
いがあります。

何よりも皆さん自身の健康を第一に考
えていただきたい。特に初めて参加され
る方は、頑張りすぎるきらいがあります。
気持ちはわかりますが、体調を崩せば、

入院や途中での帰国を余儀なくされるこ
ともあります。何をするにも、健康あっ
てのことです。どうかそれを忘れないで
ください。

それから、無断で写真やビデオを撮ら
ない、子どもたちに勝手にプレゼントを
あげない、など、現地の方との関わり方
については資料に書いてある通りです。

支援する側、される側ではなく、仲間
として一緒に活動する気持ちがあれば、
うまくいくと思います。まあ、言葉の心
配、食べ物の心配などもあるかと思いま
すが、とにかく元気なら何とかなります。
皆様のご活躍を願ってやみません。

F：なるほどね。気をつけよう。自分が上み
たいな態度じゃ失礼だよね。写真なんか
も、人の生活なのに物や風景みたいに撮
られたら嫌だと思うし。

M₂：うん、まあ、常識と言えば常識かな。
自分が嫌なことは相手にもしないってだ
けだと思う。それより、自分の健康だね。

F：そっちは心配してないけどね。国内でも
同じことだから。

M₂：そう？ 海外だと疲れていても気がつか
ないとか、もう少しって頑張っちゃうと
かありそうだよ。僕も旅行のときに経験
あるけど。

F：旅行ならともかく、1か月以上だからね。
無理はしないと思うよ。

M₂：そう。まあ、お互い頑張ろうね。

1 リーダーが一番伝えたいことは何ですか。

2 この女の人は何に気をつけると言ってい
ますか。

9

③ 飯食わぬ女房

▶問題p.55

問題1

1	**4**		2	**3**		3	**4**		4	**1**
5	**2**		6	**1**		7	**4**		8	**4**

問題2

1 　**2** 　（4→3→**2**→1）

2 　**3** 　（2→4→**3**→1）

3 　**4** 　（2→1→**4**→3）

問題3

1 　**1** 　　2 　**1**

問題4

1

1 　**3** 　　2 　**3** 　🔊08

ラジオから子ども向けの昔話が流れています。

> M₁：ある日、猿と蟹が散歩をしていると、おいしそうなおむすびが一つ落ちていた。
> 　蟹はおむすびを見つけるが早いか、自慢の大きなはさみでさっと拾いあげた。
> 　それを見た猿は、もう一つ落ちていないか、一生懸命探しながら歩いたが、おむすびはおろか、ご飯粒すら落ちていない。
> 　結局、猿が拾ったのは、固くて小さな柿の種が一つだけだった。
> 　猿は、少し考えてこう言った。
> 「ねえねえ、蟹さん。そのおむすびと、この柿の種を取りかえてあげるよ。おむすびは、食べてしまったら、もうおしまいだろう？　でも柿の種は、植えれば、そのうち芽が出て木になるから、柿の実がなったら、いくらでも食べられるよ」
> 　蟹は、それもそうだと思い、おむすびと柿の種を取りかえた。猿は、蟹からおむすびをもらうなり、あっという間にむしゃむしゃと食べてしまった。

> M₂：やっぱり猿は賢いね。柿の種を植えることを考えるなんて。
> F：蟹がかわいそう。だまされちゃったんだね。
> M₂：ちっともかわいそうじゃないよ。柿ができればたくさん食べられるじゃないか。
> F：そうかなあ。蟹だっておなかがすいてたんだよ、きっと。猿は自分のことしか考えてないよね。柿の種なんていつ芽が出るかわからないよ。

1 　昔話の中で柿の種はどのように移動しましたか。

2 　男の子は猿についてどう思っていますか。

2

1 　**1** 　🔊09

> M₁：きのうの試合見た？　まさかあんなところで逆転されるとはなあ……。
> M₂：1　ほんと、予想できなかったよ。
> 　　　2　ほんと、予想通りだったね。
> 　　　3　ほんと、予想できたよ。

2 　**3** 　🔊10

> M：おい！　一体いつまでかかってるんだ！遅すぎるぞ。
> F：1　はい、もちろん明日までかかります。
> 　　2　いいえ、私なりにやってしまったんです。
> 　　3　すみません。自分なりに頑張っているんですが……。

3 　**3** 　🔊11

> M：え?!　薔薇？　そんな漢字、日本人ですら書けないよ。
> F：1　そんなに難しい字なんですか。
> 　　2　外国人なら書けますね。
> 　　3　日本人しか書けないんですね。

4 上司との付き合い方

▶問題 p.70

問題1

| 1 | 3 | | 2 | 3 | | 3 | 2 | | 4 | 2 |
| 5 | 1 | | 6 | 2 | | 7 | 3 | | 8 | 1 |

問題2

1 **4** （2→1→**4**→3）

2 **3** （4→1→**3**→2）

3 **2** （3→4→**2**→1）

問題3

| 1 | 3 | | 2 | 1 | | 3 | 2 | | 4 | 1 |

問題4

1 3 🔊 14

> F ：高級ホテルともなると紅茶の味まで違うね。
> M：1　本当だ。紅茶じゃないよ。
> 　　2　本当だ。期待してたのに……。
> 　　3　本当だ。おいしいね。

2 2 🔊 15

> F ：毎日会えないまでも、メールくらいはくれるよね。
> M：1　うん、毎日会ってくれるよね。
> 　　2　うん、メールするよ。
> 　　3　うん、会えるうちにね。

3 2 🔊 16

> M：次のキャプテン、田中をおいて他にはいないだろう？
> F ：1　はい、田中君はおいてきました。
> 　　2　うん、やっぱり田中君だよね。
> 　　3　うん、田中君はいないよ。

5 転職

▶問題 p.94

問題1

| 1 | 1 | | 2 | 4 | | 3 | 3 | | 4 | 2 |
| 5 | 2 | | 6 | 3 | | 7 | 1 | | | |

問題2

1 **2** （4→3→**2**→1）

2 **1** （2→4→**1**→3）

3 **3** （4→2→**3**→1）

問題3

| 1 | 1 | | 2 | 2 | | 3 | 2 | | 4 | 4 |

問題4

| 1 | 2 | | 2 | 4 |

問題4

1 1 🔊 20

> M：その企画書、早く完成させるに越したことはないけど、もう10時だよ。
> F ：1　じゃあ、あとは明日にします。
> 　　2　10時に完成じゃ早すぎますね。
> 　　3　明日じゃ間に合わないんですか。

2 3 🔊 21

> F ：忙しさにかこつけて、家事の分担、さぼらないでよ。
> M：1　暇なんだからしょうがないでしょ。
> 　　2　だって、かっこいいでしょう？
> 　　3　でも、ほんとに忙しいんだよ。

3 2 🔊 22

> M：あ〜、下手だなあ。見ちゃいられない。それ、ちょっと貸して。
> F ：1　そう、手伝ってあげるよ。
> 　　2　えっ、手伝ってくれるの？
> 　　3　じゃあ、私が借りてみるね。

4　3　🔊 23

F：うわっ、この部屋、汚いにもほどがある
　　んじゃないの？
M：1　昨日掃除したからね。
　　2　部屋ならあるけど。
　　3　日曜に掃除するよ。

5　3　🔊 24

M：ここの桜、満開まであと1週間といった
　　ところかな。
F：1　ああ、満開になったところですか。
　　2　まだ、1か月もあるんですか。
　　3　じゃあ、お花見は来週の日曜日ぐら
　　　　いかな。

6　スピーチをする
研修を終えて

▶問題p.104

問題1
1　4　　2　2　　3　1　　4　4
5　3　　6　1

問題2
1　1　（2→3→**1**→4）
2　1　（2→3→**1**→4）
3　4　（1→2→**4**→3）

問題3
1　2　　2　4　　3　3　　4　1

問題4
2　🔊 26

新しい社長は、まず何をすると言っていますか。

M：えー、本日をもちまして、社長に就任
　　いたしました上田です。我が社は今、経営
　　が厳しい状態です。今は我が社の得意分
　　野に集中し、経営を安定させなければな
　　りません。広げすぎた事業は整理します
　　が、社員を減らすことは考えていません。

大きな変革のこととて、困難が予想され
ますが、皆様とともに歩めることは心強
い限りです。

新しい社長は、まず何をすると言っていますか。

7　社内で話す
さすが本田君

▶問題p.125

問題1
1　2　　2　4　　3　2　　4　1
5　4　　6　3　　7　3　　8　3

問題2
1　4　（2→1→**4**→3）
2　4　（2→3→**4**→1）
3　2　（4→3→**2**→1）

問題3
1　2　　2　1　　3　4

問題4
1　1　🔊 29

M：1人で道わかる？　送ろうか。
F：1　子どもじゃあるまいし、大丈夫よ。
　　2　1人じゃあるまいし、大丈夫よ。
　　3　大人じゃあるまいし、大丈夫よ。

2　3　🔊 30

F：わあ、新しい機械ね。使い方、教えてほ
　　しいなあ。
M：1　え？　使い方を教えたいの？
　　2　でも、教えたかったよねえ。
　　3　教えたところで、忘れるんじゃないの？

3　3　🔊 31

M：うちの会社ときたら、まったくもう〜。
F：1　え？　何時に来たの？
　　2　へえ、よかったね。
　　3　え？　どうしたの？

4 　**1**　🔊 32

M：この雪じゃ会社へ行こうにも行けないよ。

F：1　じゃあ、休んだら？

　　2　うん、行こう。

　　3　え？ 行けた？

8 小説を読む
楽園の萌花

▶問題 p.148

問題1

| 1 | **4** | 2 | **1** | 3 | **3** | 4 | **2** |
| 5 | **4** | 6 | **2** | 7 | **1** | 8 | **4** |

問題2

1　**4**　（3→2→**4**→1）

2　**1**　（3→2→**1**→4）

3　**4**　（3→1→**4**→2）

問題3

1　**3**　　2　**2**

問題4

1

1　**3**　　2　**3**　🔊 35

学校の説明会で先生が話しています。

M₁：本日は、当校の説明会にご参加いただきありがとうございます。当校は、寿司職人を育成する調理専門学校です。先日、テレビで取り上げていただいてからというもの、問い合わせもこれまでの5倍以上に増え、うれしい悲鳴をあげております。

　　寿司職人は、今や、海外でも将来性抜群の職業として注目されておりますが、特にヨーロッパでは本物の寿司を握れる職人が圧倒的に不足しています。これは、昔ながらの修業では、一人前になるのに10年以上かかることもあったからです。

そこで当校では、1年間で本格的な寿司職人を養成するコースを作りました。現役の学生さんでも大学へ通うかたわら、技術を習得するべくがんばっている方もいらっしゃいます。

F：よさそうじゃない？ 1年で職人になれるし、外国で働くチャンスもありそうだし……。

M₂：今まで何年も修業が必要だったのが、本当に1年で大丈夫かな。

F：コースもちゃんとしているみたいだし、大丈夫よ。

M₂：そうかなあ。でもねえ……。あ、っていうか、君、料理したことないんじゃない？ 生の魚とか触れるの？ それに、外国行くんだったら、言葉もやらないと……。

F：うーん、魚かあ。フランス語にはちょっと自信あるんだけどなあ。

1　学校への問い合わせが増えたのはなぜですか。

2　男の人がこの専門学校の勉強に不安を持っているのはどんなことですか。

2

1　**3**　🔊 36

M：もしもし、試験の結果を教えていただきたいんですが……。

F：1　電話でお答えいただきます。

　　2　電話でお答えしたまでです。

　　3　電話ではお答えしかねます。

2　**1**　🔊 37

M：いやあ、春めいてきたね～。

F：1　ほんと、コートいらないね。

　　2　もう、春も終わりかあ。

　　3　そろそろ、セーター用意しなきゃ。

トリアージ

▶問題 p.157

問題1

| 1 | 3 | | 2 | 2 | | 3 | 4 | | 4 | 3 |
| 5 | 1 | | 6 | 4 | | | | | | |

問題2

1	2	（1→3→**2**→4）
2	1	（3→2→**1**→4）
3	1	（3→4→**1**→2）

問題3

| 1 | 2 | | 2 | 1 |

問題4

| 1 | 3 | | 2 | 2 | 🔊 39 |

テレビで、ある科学者がエネルギー問題について話しています。

M₁：エネルギーの確保は、我々の将来にかかわる重要な課題です。石油に代わるエネルギーが求められる時代にあって、新しいエネルギーの開発が急がれております。

　日本でも、ヨーロッパにならって、太陽光発電や風力発電などが導入されていますが、気候も地形も異なる日本では限界があります。

　日本に合ったエネルギーということで、今私が最も注目しているのはメタンハイドレートです。これは「燃える氷」と呼ばれていて、その量は日本で使われる天然ガスの約96年分からあるんです。これを利用しない手はないでしょう。

F：「燃える氷」かあ……。いいよね。上手くいけば、石油なんていらないんじゃない？

M₂：うーん。でも、それって上手くいけばの話だよね？　実際はどうなんだろう？

F：え～。でも、試す価値はあると思うよ。

M₂：まあ、そうかもしれないけど、こういう問題は、なかなか難しいよね。

1 この科学者が最も注目しているエネルギーは何ですか。

2 この2人は科学者の意見についてどう思っていますか。

前衛書道

▶問題 p.170

問題1

| 1 | 4 | | 2 | 1 | | 3 | 2 | | 4 | 3 |
| 5 | 1 | | 6 | 3 | | 7 | 2 | | 8 | 2 |

問題2

1	4	（2→3→**4**→1）
2	1	（3→2→**1**→4）
3	1	（2→4→**1**→3）

問題3

| 1 | 1 | | 2 | 3 |

問題4

3 🔊 41

ラジオで作家がインタビューに答えています。

F：早速ですが、最新作『正しく不安がる』について、いろいろお聞きしたいんですが……。

M：はい。

F：まず、この『正しく不安がる』というタイトルですが……。

M：一言で言うと「他人任せにして安心するべからず」ということです。

F：他人任せ……？

M：情報化社会って、都合よく操作された情報も少なくないんですよ。だから、正しい情報を手に入れるって、実は難しいんです。

F：なるほど……。

M：情報を受ける方にも責任があります。与

えられた情報のみで簡単に安心してしまうのは、危険極まりないことなんです。

F：確かにそうですね。

男の人は情報についてどう言っていますか。

1　操作して安心させるべきだ
2　責任を持って送るべきだ
3　簡単に信じるべきではない
4　単純に不安がるべきではない

[저자 소개]

ＡＢＫ（公益財団法人 アジア学生文化協会）
（에이비케이）

ABK(공익재단법인 아시아학생문화협회)는 1957년 설립된 문화 교류 증진을 위한 공공 재단이며, 일본어 학교와 유학생 기숙사를 운영하고 있습니다. 아시아 학생들과 일본 청소년들의 공동체 생활을 통해 인류 화합 및 과학, 기술, 문화, 경제적 교류를 도모하며 아시아 친선과 세계 평화에 공헌하는 것을 목표로 하고 있습니다.

본교에서는 대학·대학원 진학, 전문학교 진학, 취업 등 학생이 나아가고자 하는 방향에 맞춰 일본어능력시험 혹은 일본유학시험에 대비할 수 있도록 하며, 실력 향상과 강화를 목표로 일본어 교육을 진행하고 있습니다.

집필자는 전원 ABK에서 일본어 교육에 종사하고 있는 교사입니다. 자매단체로 학교법인 ABK 학관 일본어 학교(ABK COLLEGE)도 있습니다.

감　　수 : 町田恵子

집필자 : 大野純子・新井直子・亀山稔史・星野陽子・森川尚子

협력자 : 内田奈実・遠藤千鶴・掛谷知子・勝尾秀和・國府卓二・新穂由美子・津村知美・成川しのぶ・萩本攝子・橋本由子・服部まさ江・福田真紀・藤田百子・町田聡美・向井あけみ・森下明子・吉田菜穂子

번　　역 : 이희승
　　　　　와세다대학교 일어일문학 학사
　　　　　와세다대학교 국제관계학 석사
　　　　　한국외국어대학교 일본어교육학 석사
　　　　　한국외국어대학교 언어학 박사
　　　　　現 한국외국어대학교 일본어통번역학과 강사

改訂版　TRY!日本語能力試験N1　文法から伸ばす日本語 © ABK 2014
Originally Published in Japan by ASK Publishing Co., Ltd., Tokyo

TRY! JLPT 일본어능력시험
N1

초판 1쇄 발행 2022년 2월 18일

지은이 ABK(公益財団法人 アジア学生文化協会)
펴낸곳 (주)에스제이더블유인터내셔널
펴낸이 양홍걸 이시원

홈페이지 www.siwonschool.com
주소 서울시 영등포구 영신로 166 시원스쿨
교재 구입 문의 02)2014-8151
고객센터 02)6409-0878

ISBN 979-11-6150-582-4
Number 1-311212-11111800-02